死と身体

コミュニケーションの磁場

シリーズ ケアをひらく

内田 樹
Uchida Tatsuru

医学書院

死と身体——コミュニケーションの磁場｜目次

わかりにくいまえがき　009

1　あべこべことば　010
2　ダブル・バインド　014
3　「豚の鳴声」とパロール　022
4　夢の文法　028
5　超人と道徳　034
6　複雑は簡単、簡単は複雑　038

第1章　身体からのメッセージを聴く　043

先手を取る――追わせれば活殺自在――奥義の伝授――身体を割って聴く――物語に編成された身体――「自分の身体に敬意を払う」とは――物語が尽きるところ、身体が立ち上がる――「感覚遮断」が何をもたらすか――武道とピアス――「感度を上げる」ことを拒む場所――なぜ「話の通じない人」になるのか――シャイであれ――口より身体を信じろ――本は身体で読め――コミュニケーションは意味の「外」にある――コミュニケーションの磁場としての身体

第2章 表現が「割れる」ということ◉身体と記号 091

「気持ちの悪い」子どもたち――思春期とは口ごもる時期である――大人でも若者でもない、それは……――幼児と若者はどこが違うか――敬語とはことばを「割る」こと――「定型」という退行オプションに逃げ込む人たち――幼児が幼児を再生産する時代――バカははっきり言いたがる――ことばが増えると感情が割れる――表現が「割れる」ということ――どうすれば「肩を消す」ことができるか――記憶とは運動的なものである――「脳と身体」の二元論を乗り越える――「意味抜きの身体」も「身体抜きの意味」もあり得ない

第3章 死んだ後のわたしに出会う◉身体と時間 121

次に何を言うか、なぜわかる?――逆流する時間――過去は未来がつくる――時間をずらす――時間を割る――違う時間に乗っている人――座頭市の「チン」は何を意味するか――過去に逃げる人、未来に逃げる人――止まった時間を動かす――前未来形で語る――「わたし」の消失点――人間だけが、死んだ後の地点から語ることができる

第4章 わからないままそこに居る◉身体と倫理 151

倫理とは合理的なものである――しかし倫理に基準はない――他者は共感可能であり、かつ共感不可能である――「どうして人を殺してはいけないのですか」と問える位置――「殺すな」でさえ、つねに正しいわけではない――倫理には賞味期限もある――自然権の制限による利益の最大化――自然権とお金の最大化――「資産イコール幸福」の国――同質化への欲望がもたらすもの――「違う人間」ではなく「劣った人間」にしてしまう――善意の人には「違い」が見えない――共感不可能性の宣言――ニーチェがいっぱい――仲間だけれども理解できない、敵だけれども共生する――敵と共に生きる――他者とは、わたしと度量衡を共有しないものである――コミュニケーションのコミュニケーション――人間は、死んだ者とさえ語り合うことができる

第5章 死者からのメッセージを聴く 195

みんな幽霊の話をしている――「かれら」とは死者のことである――埋葬をすることによって人間が人間になった――死んでいるけど死んでいない――葬儀とは、「決着」ではなく「中間」である――いてほしくないからいてほしい――死者という矛盾、死者という保留――「知性」とは、結論が出ないことに耐える能力である――ただ交換がしたかっただけ――ことばが通じない人間と、無

価値なものを交換したい——五万年ぶりの沈黙交易——一三〇〇万人の戦死者をどう弔うか——「死んでいるけど死んでいない人」の声は、「聞こえるけれども聞こえない」——死者の代弁をしてはならない——「死者の声を聴く」とは……

あとがき 237

わかりにくいまえがき

科学者というのはいつも世界が単純にできていると思いたがる。
そして、その期待は決まって裏切られる。

——Gregory Bateson, *Steps to an Ecology of Mind*

あべこべことば 1

「適当」というのは正確にはどういう意味であるのか明らかにせよと、以前スイスから来ていたエリザベス君に問いつめられたことがある。

「適当な答えを選べ」という場合の「適当」は、「的確な」とか「正しい」という意味だけれど、「適当にやっといてね」とか「適当なこと言うな」とかいう場合の「適当」は、「あまり的確でない」とか「あまり正しくない」という意味である。いったい日本人諸君は何ゆえに、このように同一語をして相反する意味に用いるのであるのか、そのあたりの理路を整然と論ずべし、と畳みかけられて困《こう》じ果ててしまった。

言われてみれば、ご指摘のとおりである。こちらもうっかり気づかずに使っていたが、たしかに「適当」というのは、ずいぶん「適当な」使われ方をしている。まことにいい加減なものですね、と言うときのこの「いい加減」も、「適正な程度」という意味ではなく、おもに「適正でない程度」という意味で用いられている。というわけで、エリザベス君には、けっきょく得心のいくようなご説明をすることができずに終わってしまった。

その後も、ずっとこの問いがひっかかっている。

どうして、同一語が反対の意味をもつ必要があるのだろう？　いったい誰がそのことからどのような利益を得ているというのだろう？　そのことが、それほどに非合理的なことであるとしたら、どうしてその陋習《ろうしゅう》を改善しようと朝日新聞なりＮＨＫなり文科省なりが提言してこないのか？

どうも不思議である。

しかし、そう思ってあたりを見回してみると、わたしたちが日常使っている表現のうちには、反対の意味を同時に含意している語が思いのほかに多いことに気がついた。

たとえば、人称代名詞。

わたしが東京から関西に来て驚いたのは、大阪の人たちが「自分」を「あなた」という意味で用いることであった。「ジブン、騙されてんとちゃう」というのは、「あなたは騙されているのではないか」という意味である。

『仁義なき戦い』で菅原文太が小林旭に向かって、「のうアキラ、こんなんが村岡の跡目継いだらいいじゃないの」というときの「こんなん」というのは、「こちら」というのが原義であろうが、文脈を勘案するに「あなた」の意らしく思われる。どうして「こちら」が「あなた」になるのかよくわからない。

「手前」というのもそうだ。「てまえ」と読めば一人称、「てめえ」と読むと二人称になる。リバーシブルだ。

「あなた」にしても、本来は「彼方」の意であるはずだから、目の前にいる人の呼称としてそれほど適切とも思われない。

考えるとどれも納得のいかない話である。だが、べつにこれはわたしだけがひとりこだわっていることではなく、日常生活における「変なこと」にたいへんこだわりのあったフロイト博士［☆］も、この点に着目されて、例のごとき洞見を語られている。

多くの言語学者たちは、最も古い言葉では強い-弱い、明るい-暗い、大きい-小さいというような対立は、同じ語根によって表現されていたと主張しています(『原始言語の反対の意味』)。たとえば、エジプト語のkenは、もともと「強い」と「弱い」という二つの意味をもっていました。対話の際、このように相反する二つの意味を合わせもつ言葉を用いる時には、誤解を防ぐために、言葉の調子と身振りを加えました。また文書では、いわゆる限定詞といって、それ自体は発音しないことになっている絵を書きそえたのです。すなわち、「強い」という意味のkenの時は、文字のあとに直立している男の絵を、「弱い」という意味のkenの時は力なくかがみこんでいる男の絵を書きそえたのです。同音の原始語をわずかに変化させて、その語に含まれた相反する二つの意味をそれぞれにあらわす表記ができたのは、後代になってからのことです。★01

古代エジプト人はkenという発音を微妙にピッチや身振りを変えることで、「強い」という意味と「弱い」という意味に使い分けていたわけである。ずいぶんと七面倒なことをしたものだが、これはべつに古代エジプトだけに限った話ではなく、同じ現象は、じつは古今東西、言語のあるところではどこでも観察されるのである。

フロイトは同種の事例をいくつか列挙している。ラテン語のaltusは「高い」と「低い」の二つの意味があり、sacerには「神聖な」と「呪われた」の二つの意味がある。英語のwithは「それとともに」と「それなしに」の両方の意味をもっていたが、今日では前の意味でのみ用いられている(withdraw

☆ジークムント・フロイト(Sigmund Freud, 1856-1939)
ユダヤ系オーストリア人の精神科医.意識の背後に抑圧された層としての無意識を「発見」し,その治療の試みのなかで精神分析学を創始した.主著に『精神分析入門』『夢判断』など.

いる)。

「取り去る」や withhold「与えない」という動詞には「それなしに」という古義の名残りがとどまっている)。

もちろん日本語にも同じ現象は存在する。

だいぶ前に見たテレビドラマで、主人公の少年(前田耕陽)が好きな少女(中山美穂)に向かって「オレのこと好き?」と訊ねる場面があった。中山美穂が「うん、好きよ」と答えると、前田くんはその答えに納得せず、こう言った。「その『好き』じゃなくて!」

なるほど、とわたしは深く得心した(エリザベス君のご指摘以来、わたしはこういう事例にたいへんこだわる人間となったのである)。

「好き」というような、誤解の余地のありそうもないことばでさえ、言い方ひとつで、「異性として好き」という意味と、「異性として好きなわけではない」というまったく反対の意味をとることができる。しかるに、今のケースでは、少女の答えた「好き」が「人間としては好きだけど、異性としては興味がない」という意味であることを、少年はどうやって瞬時のうちに識別したのであろうか?

これはみなさんご自身の経験に照らして考えればすぐわかるはずである。

前田くんが中山さんの「好き」を「異性として興味がない」という意味であると一瞬のうちに判別できたのは、「好き?」という問いかけと「うん、好き」という答えのあいだの「間」が有意に短かったからである。

「オレのこと好き?」という問いに対して、「友達としては好きだけど、男として見たことないから」という場合には「うん、好きよ」。「異性として好き」という場合には「……うん、好きよ」と、こちらの場合は、「……」というわずかコンマ何秒の「ためらい」が入る。つまり、わたしたちは、問いかけ

★01　S・フロイト『精神分析入門』, 懸田克躬ほか訳, 〈フロイト著作集 1〉, 人文書院, 1971年, 145-146頁.

に対する回答のわずかな遅速の差によって、それがエロティックな言明か非エロス的な言明であるかを識別しているのである。

ずいぶん面倒なことをするものである。

どうして、人間は「異性として好き」（「好き①」）と、「人間としては好きだが、異性としては興味がない」（「好き②」）に別の動詞を割り振ることをせずに、対立する意味を同一語のうちにとどめるに任せたのであろう？　新語があふれるほどに発明されているのに、どうして「好き」のような、語義解釈の間違いがときに死活的に深刻な帰結をもたらす語についてだけは新語の創造をどなたも提言されないのか？

ここにはどうやら人間存在の根本にかかわる重要な問いがひそんでいるように思われる。わたしはこの問いを次のように定式化してみたいと思う。

人間はどうして、わざわざ話を複雑にするのか？

ダブル・バインド　2

ある人が仕事の途中で早退した。翌朝、同僚が出社してきたその人に訊ねた。

「昨日、なんで帰ったの？」

「電車で」

これはコミュニケーション不調のかなり深刻な事例である。

たしかに、「どうして帰ったの?」という問いが「帰宅の手段」にかかわる問いであるのか、「帰宅の理由」にかかわる問いであるのかは、さしあたりこの一問一答だけから判断することはできない。しかし、わたしたちは日常会話においては、このような判断をわけなくクリアしている。

どうして、わたしたちが誤答をまぬかれているのかというと、「昨日、どうして帰ったの?」という問いかけに対して、わたしたちはつねに「この人は『こう訊くことによって何を訊きたいのか?』」という「問いについての問い」を返答に先だって自分に向けているからである。だからもし、このとき、たまたま職場の人びとが「帰宅の手段としてはどのような交通手段が適切であるか」というような議論を交わしている最中であったとすれば、「電車で」が期待された正解のひとつである可能性も排除できない。

このような問いについてはいかなる回答が最適であるかの一般解は存在しない。だから、わたしたちはその問いが「何を訊いているのか」をそのつど文脈から推理しなければならない。

「あなたはそう訊くことで何を訊きたいのか?」「あなたはそう言うことによって何を言いたいのか?」「あなたはそうすることによって何をしたいのか?」といった種類の問いをコミュニケーション理論では「メタ・メッセージ」(上位メッセージ)と呼ぶ。

メタ・メッセージとは、メッセージの解読の仕方にかかわるメッセージのことである。

たとえば、「オレは嘘つきだよ」というメッセージがある(「嘘つきのクレタ島人のパラドクス」だ)。

このメッセージはどう読むべきだろう?

この男がことば通りの嘘つきなら、「オレは嘘つきだ」という言明も嘘のはずだから、「嘘つきではない」ということになり、これは当の言明と矛盾する。逆に、この男の言うことがほんとうで、いつも嘘ばかりついているとしたら、この言明に限っては嘘をついていないことになって、これも当の言明と矛盾する。さて、この男は嘘つきなのか正直者なのか？

べつに悩む必要はない。

「オレは嘘つきだよ」と言われたら、わたしたちはふつう「じゃあ、これからあまりこの人の言うことは信用しないようにしておこう」と判断する。

それで正解なのである。

「オレは嘘つきだ」は、この人が発信するメッセージの解読の仕方にかかわるメッセージ、すなわちメタ・メッセージである。だから、かれが発信する通常のメッセージ(それは嘘ばかりである)よりも一ランク上位にあり、メタ・メッセージが通常の(嘘の)メッセージによってその読み方を規定されることはありえないのである。

わたしたちはふだんコミュニケーションの現場で、「メッセージのやりとり」と同時に、メッセージの解読の仕方についての「メタ・メッセージのやりとり」をおこなっている。

メッセージとメタ・メッセージの関係はいわば「暗号電報」と「暗号解読表」の関係に類比的である。暗号解読表を照合しながらでなければ暗号が解読不能であるように、コミュニケーションの場においては、メタ・メッセージについてコミュニケーション当事者間の合意が成立しないかぎり、いかなるコミュニケーションも成立しない。

このようなメタ・コミュニケーションをわたしたちはふだんほとんど無意識におこなっている。けれども、「あなたはどういうふうにメタ・メッセージを聴き取っているのか?」と正面切って問われると答えに窮してしまう。メタ・メッセージの聴き取りがあまりに自然なので、わたしたちは「どうやってそれを聴き取っているのか」をあらためて反省したりしないからである。

メタ・コミュニケーションの不調が精神分裂病(統合失調症)の原因になるという「ダブル・バインド(二重拘束)」理論は一九五〇年代にグレゴリー・ベイトソン[☆]によって提唱された。

ダブル・バインドとは、家族関係(おもに母子関係)を通じて、子どもがメタ・メッセージを適切に読み取ることを組織的に妨害される状況を意味する。

ベイトソンは、口では息子に向かって「愛している」と言いながら、息子が抱いてもらおうと思って近づくと身をかわす母親のケースを典型的な事例として挙げている。

メタ・メッセージはおもに非言語的なレベル(音調、目配せ、ジェスチャー、表情などなど)で発信されて、メッセージの適切な解読の仕方を指示する。このケースでも、母親は非言語的なレベルでは、身を引くような態度というメタ・メッセージを示している。母親が発信するメタ・メッセージ(「わたしが示すすべてのシグナルは『おまえを愛していない』を意味する」)は、言語的レベルで語られる「おまえを愛している」を否定する。ふつうのコミュニケーション能力を備えた人間であれば、メタ・メッセージに準拠して、母親の口にする「おまえを愛している」ということばを、ただの擬態として読解することができる。

しかし、母親自身が、「自分は息子を愛していない」という事実を認めようとしないことが事態をややこしくする。自分を愛情深い母親であると信じ込みたい母親は、彼女の愛情表現が口先だけの擬態であると息子が見破ることを許さない。母親は口先だけの「愛しているよ」ということばを、非言語的レベルで彼女が発信している「おまえなんか愛していない」というメッセージを否定するメタ・メッセージとして読むことを息子に要求する。

彼女はメッセージとメタ・メッセージをすり替えようとするのである。

息子は窮状に追い込まれる。彼は（自分を愛しているようにはぜんぜん感じられない）母の身振りを「自分を愛していることの徴候」として解釈しなければならない。この解釈を受け入れるためには、「母は自分を愛しているようにはぜんぜん感じられない」という彼自身の「感じ」を否定するほかない。「『母親は私を愛していない』と感じる私の感受性は現実を正しく受け止めていない」「私のメッセージ解釈能力はまったく適切に機能していない」と自分に言い聞かせない限り、この読み替えは成功しない。

> これは、自分を欺いている母親を支持するために、子供が自分自身の内面真理についてみずからを欺かねばならない、ということを意味している。母親とうまくやっていくためには、他人のメッセージばかりか、子供は自分自身の内面のメッセージについても誤った識別しか許されないのである。★02

こうして、この息子は出口のない状況にはまり込む。

彼が「母は私を愛している」という擬態を真に受ける自己欺瞞にとりあえず成功したとしても、そう

☆グレゴリー・ベイトソン（Gregory Bateson, 1904–1980）
イギリス生まれの人類学者，精神医学者．人間関係にかかわるコミュニケーションの病として精神障害をとらえる視点を提供した．主著に『精神の生態学』『精神と自然』など．

信じて母親に近づくと、やはり母親は冷ややかに身を引く。母親のこの拒否のシグナルに反応して彼がたじろぐと、母親は「なぜ私がこんなに愛しているのに、おまえはその愛を受け入れられないのか」と彼を叱責する。

子どもは母親に近づいても、遠ざかっても、どちらにしても叱責される。「子供は母親の表現していることを正確に識別したことにより罰せられ、かつまた不正確に識別したことにより罰せられる」。★03 これが典型的なダブル・バインド状況である。このような状態に継続的に置かれると、子どもはメタ・メッセージとメッセージのレベルを識別する能力を致命的なかたちで損なわれる。

その結果、相手が本当に言いたいのは何なのかを決定することにも、自分が本当に言いたいことを表現することにも——両方とも正常な人間関係に欠かせないことである——習熟しないまま成長するのである。★04

そのような人間は、自分が今どういう種類のコミュニケーションを前にしているのかを識別することができない。「今日は何をする気?」という問いを差し向けられても、「昨日自分がやったことで責められているのか、性的な誘いを受けているのか、それとも単に字義通りのことが言われているのかについて、正確な判断を下すことができない」。★05

正確な判断ができない人間はいくつかの典型的な反応を示す。

どのレベルの問いかけに反応したのかわからせないように、あいまいな答え方をしてリスクを避ける。あらゆるメッセージに「裏の意味」があることを疑い、身の回りの偶発的な出来事の「隠された意

★02　G・ベイトソン『精神の生態学(上)』, 佐藤良明ほか訳, 思索社, 1986年, 311頁.
★03　同書, 312頁.
★04　同書, 313頁.
★05　同書, 306頁.

味」を探してやまない。メッセージのレベル差を無視して、すべて字義通りに受け止め、結果的にいかなるメッセージにも重要性を認めない。外界からのメッセージをすべて遮断して、黙り込む……これらはいずれも精神病的コミュニケーションの徴候に一致する。共通しているのは、「他人が何を言わんとしているかを発見するのに助けとなる選択肢だけは、どうしても選び取れないということである」。★06

ベイトソンのダブル・バインド理論を祖述してきたのは、人間が対立的・両価的な語義をあわせもつ語を聞き分けることを強いられるのはなぜかという先ほどの問いに対して、これが答えの一部になっていると思うからである。

それは、コミュニケーションにおいては、言語的なメッセージをやりとりすることより、ごくわずかな徴候的差異に着目して、メッセージの解読レベルを読み出す能力のほうが、生存戦略上優先する、ということである。

kenが「大きい」と「小さい」を同時に含意し、「好き」という言明が「好き」と「それほど好きではない」を同時に含意するように人間たちが言語をつくりあげたということは、わたしたちが優先的に習得すべきコミュニケーション能力は、そのつど最適な一義的な記号を使い分けることではなく、同じ名で呼ばれるもののうちにレベルの違いを読み分けることだということをおそらくは意味している。

そのつど最適な一義的記号を使い分けることがそれほど重要であれば、「大きい」と「小さい」を同じ語であらわすような不合理なことをしたはずがない。人類が言語を手にしてから数十万年にわたって、あえてこの「不合理」なふるまいをやめずにきたのはなぜか。それは、同一レベル上での項間差異を検出する能力よりも、同一項に含まれるレベル差を検出する能力のほうが、人間が生きていくうえでより有用だからだ。そうわたしは解釈する。

わたしたちは幼児期からこの能力の開発を集中的に訓練されている。そして、日々の生活のなかで、その能力については、じつにシビアな「テスト」が繰り返し試みられている。

たとえば、子どもたち同士がどこかに出掛ける相談をしている。そのなかのひとりが、通りがかったクラスメートに「ねえ、あなたも行く？」と声をかける。

この「ねえ、あなたも行く？」が語義通りの意味なのか、「わたしは誘う気もないのに『ねえ、あなたも行く？』と声をかけるくらいにあなたの気分に配慮しているんだから、あなたも『あなたなんか来てほしくない』というわたしの気分にちゃんと配慮してね」という意味なのかを、声をかけられた子どもは瞬時に判断しなくてはならない。

そして、「ううん、やめとく」という返答が、適切なタイミングよりコンマ一秒早すぎても、コンマ一秒遅すぎても、その時間差が別のメッセージ（「あんたとなんかと行きたくないわ」とか「変な気をつかって、いい人ぶるの、やめなさいよ」とか）を伝えてしまうリスクをも熟知していなくてはならない。

わたしたちの毎日はこのような「テスト」で充満している。厳しい試練だけれども、人間はおそらく幼児期からその訓練を積まないかぎり、社会生活を営むことができないのだ。

★06　ベイトソン前掲『精神の生態学（上）』，308頁．

「豚の鳴声」とパロール 3

メタ・メッセージの正しい読解は、社会生活にとって死活的に重要な能力であり、わたしたちは子どものころからその能力の習得に励んでいる。そのことはここまでの説明から同意いただけると思う。

わたしたちの日常は、誤解しようと思えば無限に誤解できるような危険なやりとりで充満している。ひとつのメッセージはほとんど無限の解釈可能性に開かれていると考えなければならない。その選択肢のなかの「どのあたり」に解釈を着地させるべきかをつねに適切に判断できれば、「コミュニケーション感度がよい人間」と評価されるし、誤解を繰り返せば、「洒落のわからない人間」、さらには「被害妄想」や「関係妄想」とみなされるリスクを負うことになる。

そう考えてくると、わたしたちが日々営んでいるコミュニケーションそのものの目的も、一義的なメッセージのやりとりなのか、「一義的なメッセージのやりとりができるコミュニケーション能力」を「テストする」ことなのかがだんだんわからなくなってくる。

もしかすると、「メッセージ」そのものよりも、「メッセージのやりとりがちゃんとできているかどうかのテスト」のほうをわたしたちは優先させているばかりか、そちらのほうこそがコミュニケーションの本質であるのではないだろうか?

言語学では、「コンタクトが成立していることを確認するメッセージ」のことを「交話的メッセージ」

☆クロード・レヴィ=ストロース（Claude Lévi-Strauss, 1906-　）
構造主義および文化人類学を代表するフランスの思想家．実体に代わって関係に着目する構造主義は現代諸科学の基本潮流となっている．主著に『悲しき熱帯』『野生の思考』など．

と呼ぶ。

「交話的メッセージ」の典型は、電話口でわたしたちが口にする「もしもし」である。「もしもし」は、「この回線は通じていますか?」を意味する。それに対する「もしもし」という応答は、「コンタクトは成立しています」を意味する。コンタクトが成立していることを相手に知らせるもっとも確実な方法は、(『未知との遭遇』でフランソワ・トリュフォーがシンセサイザーを使って異星人相手に試みたように)相手が言ったことばを繰り返すことだからである。

交話的コミュニケーションの目的は「通信回線の立ち上げ」、つまり「コミュニケーションのコミュニケーション」あるいは「コミュニケーションの解錠」である。つまり、「もしもし」こそ、メタ・メッセージのおそらくもっとも純粋で原初的な形態なのである。たぶん人類は、「もしもし」「もしもし」という応答からその最初の言語活動を開始したのである。

クロード・レヴィ=ストロース[☆]は、コミュニケーションを動機づけるのは「ことばの意味」ではなく、ことばが送り手から受け取り手に贈られたときに受け取り手が覚える「反対給付」の心理的義務感であると語っている。

人間たちにパロール(発語)を「交換すること」を強制した原初の衝動は、二分割された表象(それは、はじめて出現した象徴的機能から派生した)のうちに求められるべきではあるまいか? ある音響的な事象が、それを口にする者にとっても、それを聴き取る者にとっても、同時に一つの直接的な価値を贈与するものであると解釈されたとき、その音響的な事象は一つの矛盾した性質を獲得することになった。つまり、補完的な価値の交換による以外、中立化は不可能となったのである。あらゆる社会的活動はここに帰着する。★07

つまり、こういうことだ。太古のあるとき、ひとりの人間がある音声(たとえば、「わお」)を発した。そのとき、発された音声を聴き取った別のひとりが、それを「贈与」だと感じた。経済人類学の教えるところによれば、贈与を受け取った者は「補完的な価値」すなわち「応答」によってこれに返礼する以外に「贈与によって生じた不均衡」を解消することができない。どうして、ある音を「贈与」であると感じたのかも、人間はなぜ贈与に対して反対給付の義務を覚えるのか、その理由もその人類学的起源も、わたしたちは知らない。

確かなことは、ある表象を「贈与として聴き取った」と信じた人間の出現と、ある表象を「記号として贈与した」人間は同時的に出現したということである。

発信者がまずいて、受信者がそれを聴いたわけではない。というのは、この「わお」が偶然的に発された音(あくびやげっぷの類)ではなく、「パロールの贈り物」であることは、受け取り手がそれを「贈与」として承認することなしには成り立たないからだ。

これは言語の発生の瞬間の話である。まだ言語は生まれていない。まだ存在しない言語の話者がいるはずがない。記号は、この「わお」が贈与であることを二人が同時に承認したとき、そこに生成したのである。

この言語の発生の事況について、ジャック・ラカン[☆]はカラフルな比喩を用いて教えてくれる。こ

☆**ジャック・ラカン** (Jacques Lacan, 1901–1981)
構造主義的にフロイトを読解する可能性を拓いたフランスの精神分析家．停滞しているコミュニケーションをいかにして再起動するかを論じる．主著に難解で知られる『エクリ』．

んな話だ。

オデュッセウスの仲間たちがその冒険の途中で豚に姿を変えられてしまったとき、かれらは豚小屋でブーブーと鳴きつづけていた。ラカンはこれがパロールとして聴き取られるためにはどういう条件が必要かという問いを立てた。「豚小屋という閉じた空間の中でひしめき合っているこのか細い声から我々に届いてくるブーブーというこの鳴き声が、パロールであることがどうして解るのでしょう？」

ラカンは自ら立てた問いにこう答える。


豚のブーブーという鳴き声がパロールになるのは、その鳴き声が何を信じさせようとしているのだろうかという問いを、誰かが立てる時だけです。パロールは、誰かがそれをパロールと信じる正にその程度に応じてパロールなのです。［…］動物のランガージュというものが存在するのは、それを解ろうとする人がいるという正にその限りにおいてです。★08（［…］は中略、以下同）

パロールがパロールとして認知されるのは、それがパロールであることを二人の人間が同時に認知する場合だけである。その認知に先立っては、発信者も受信者も言語も、まだ存在しない。メッセージを語る主体とそれを聴く主体とメッセージそれ自体は、おそらくその起源においては渾然一体のカオスをなしていたのである。

「コンタクト成立」を告げる交話的メッセージは、そのカオスから言語と主体が立ち上がる決定的な契機を意味している。いささか大仰な言い方を許してもらえば、わたしたちが日々のコミュニケーションのなかで「じゃ、明日ね」「お、明日な」とか「愛しているわ」「愛しているよ」というような同語反

★07 Claude Lévi-Strauss, *Anthropologie Structurale*, Plon, 1973, pp.70–71.
★08 J・ラカン「パロールの創造的機能」，『フロイトの技法論（下）』，小出浩之ほか訳，岩波書店，1991年，124–125頁.

復的な交話的対話をおこなうとき、わたしたちは言語と主体がこの世界に出来《しゅったい》した、その起源の出来事をいわば「再演」してみせているのである。

交話的メッセージとは、ラカンの比喩を借りて言えば、「あなたの発した音声は『豚の鳴声』ではなく人間のことばである」という承認であり、それはとりもなおさず「あなたは人間主体である」という承認である。

おそらく、コミュニケーションという行為は、わたしたちが考えているよりももっと根源的なものなのである。

わたしたちは何か有意なメッセージをやりとりするためにコミュニケーションを「利用」しているのではなく、むしろ「有意なメッセージのやりとりをする」という口実のもとに、言語と主体が生成した栄光の瞬間、つまり人間が人間になったその瞬間を日々祝聖しているのである。

そう考えないと、冒頭で振った「あべこべことば」の存在理由がわたしにはうまく説明できない。「あべこべことば」は比喩的に言えば「豚の鳴声」である。あるいは、「調理が半分すんだ半製品」と言ったほうがわかりやすいだろうか。

わたしたちは「あべこべことば」を適切に聞き分けることで、ほとんど出来上がった半製品に最後の包丁を入れて、「カオス(混沌)」から「コスモス(秩序)」が立ち上がる瞬間に立ち会う。両価的・対立的な語義のあわいにことばが揺れ動いているのは、そのあいまいさの霧が晴れて、表象が送り手と受け手のあいだで、二分割されて共有されるその瞬間の感動をおそらくは甦らせるためなのだ。

ことばが成立した瞬間の原初の感動を経験し、その出来事を再演することがわたしたちをコミュニケーションに誘う根源的な動機づけであるとしたら、たしかにコミュニケーションは過度に一義的でクリアカットなものであるべきではない。そこには未加工の部分、人間の主体的関与によってはじめてパロールにとなる余地が残されていなければならない。

「豚の鳴声」がパロールになる瞬間の感動を担保するためには、「豚の鳴声」が「豚の鳴声」のままにとどまり、誰の耳にもパロールとして届かないというリスクがともなっていなければならない。それは、電信の回線が途切れる可能性があるからこそ、「もしもし」というコールサインが感動的に聞き取られるのと同じことである。

どんな場合でも過たずコミュニケーションが成立することが保証されていたら、わたしたちはパロールの聴き取りからそれほどの感動や快楽を得ることができないだろう。コミュニケーションが適正に成立することが困難であるからこそ、わたしたちはコミュニケーションの成立を切望するのであり、そのために、コミュニケーションはそのつどつねに誤解の余地があるように構造化されているのである。

ジャック・ラカンの伝説的なセミネール(講義)は、何を言っているのかわからないその難解きわまりない内容と、身体に直接しみこむような深みのあるバリトンのアンバランスによって知られていた。聴衆はこの「何を言っているのか、さっぱりわからないセミネール」を聴くために、隔週の火曜日にエコール・ノルマルの階段教室に文字どおりひしめいたのである。

まったく意味のわからない講義を聴きに通った聴衆の気持ちが、わたしには少しわかるような気がする。ラカンの講義が魅力的であり、人びとが文字どおり全身を耳にしてそれに聴き入ったのは、おそらく「わたしはラカンを誤解しているのではないか」という不安がけっして鎮められなかったからである。
自分の語ることばの難解さの理由をラカンはこう説明している。

私が皆さんに理解できないような仕方でお話しする場面があるのは、わざととは言いませんが、実は明白な意図があるのです。この誤解の幅によってこそ、皆さんは、私の言っていることについていけると思うと言うことができるのです。つまり、皆さんは不確かで曖昧な位置にとどまっておれるのです。そしてそれがかえって訂正への道の扉を常に開いておいてくれるのです。言葉をかえれば、私がもし、簡単に解ってもらえるような仕方で、皆さんが解ったという確信をすっかり持てるような仕方で、話をすすめたら、対人的ディスクールに関する私の前提そのものからしても、誤解はどうしようもないものになってしまうでしょう。★09

ラカンは、「理解できた」と思い込む人間よりも「誤解したのではないか」という不安に駆られる人間のほうが、コミュニケーションにおいて本質的な経験をするだろうと述べているのである。

4 夢の文法

睡眠には明らかに異なる二つの状態(レム睡眠とノンレム睡眠)があることが知られている。レム睡眠

rapid-eye-movement sleepとは「急速眼球運動睡眠」のことで、わたしたちが夢を見るのは、このレム睡眠中のことである。この状態は周期的に訪れ、睡眠全体の二五%ほどを占める。

睡眠時は、自律神経による身体調節の仕方(呼吸、体温調節、筋肉運動など)が覚醒時と異なるが、とくにレム睡眠中には、身体の中心部での体温調節がほとんど不可能となり、人間は一時的に変温動物にまで「退化」している。

「夢を見る」という営みが生存上必須のものであることは間違いないが、生物学的に夢が何の役に立っているのかはまだ十分に解明されてはいない。

今のところもっとも説得力のある説明をしているのはフロイトである。

フロイトによれば、夢は現実で満たされぬ欲望を充足するための心理機制である。

たとえば、塩辛いものを食べて寝ついた夜半に「水を飲む夢」を見ることがある。もし夢だけでのどの渇きが癒えたらなら、わたしたちは眠りつづけることができる(実際には、やがて目覚めてしまうが)。あるいは早起きして仕事に出かけなければいけないときに、起き出して、支度をすっかりすませている自分自身を夢に見ることがある(そうやって安心して眠りつづけたせいで仕事に遅刻することもあるが)。

とりあえず、夢には外界から到来して睡眠を妨げる刺激に対して、その刺激を鎮めて、睡眠を持続させるような「物語」をつくる機能があることがわかっている。

『夢判断』にはこんな夢が紹介されている。

ある作曲家の夢。彼は音楽の授業をして、折しも生徒たちに何か説明しようとした。大体説明

★09　J・ラカン『精神病(下)』, ジャック=アラン・ミレール編, 小出浩之ほか訳, 1987年, 9頁.

も終わって、生徒のひとりにこうたずねた、「わかったかね」すると生徒は憑かれた人間のように「オーヤー(もちろんです)」と大声で叫んだ。この叫び声をきいて彼は堪らなくなって、大声を出すのはやめろと命じた。するとクラス全体が叫びだした、「オルヤー」、それから「オルイヨー」最後に「フォイエルヨー(「火事だ」の意)」。夢から醒めると本当に往来で「火事だ」と人が叫んでいた。★10

「火事だ」の声を聴いてからあと、夢は覚醒を先延ばしにするために、かなり込み入った物語をつくりだしている。けれども、この記録のなかでわたしがもっとも興味を引かれるのは夢の中での時間の流れ方である。

それは、「火事だ」と聴いてから目覚めるまでのわずかな時間のあいだに、夢の中では主観的にはずいぶん長い時間が経過していることではない(それなら、わたしたちもふだん経験しているし、『邯鄲《かんたん》の夢枕』でおなじみだ)。そうではなくて、夢の中では時間が逆流していることである。

この夢の中で、時間は覚醒時とは違う向きで流れている。作曲家の耳にはまず「フォイエルヨー」という音が入り込んできた。覚醒を先延ばしにするために、夢はその音を「オイルヨー」「オルヤー」と変形して、最後に「オーヤー」にたどりついて、ようやく「音楽の授業という物語」をつくれる材料が見つかったのである。そして、夢は「オーヤー」から今たどった行程を逆走して、物語をクロノロジック(時間順)に編集しなおしたのである。

もちろんこの夢には覚醒を少しでも先延ばしにするという願望充足の効果をもっている。そのことは間違いない。

けれども、それだけだろうか。

この夢を見ることでこの作曲家はもっと別の「利益」を得ているということはないのだろうか？　わたしたちが夢を見ることによって充足させようとしているのは、のどの渇きや早起き仕事の完了のような具体的な願望ではなく、むしろ夢を見ることそのものであると考えることはできないのだろうか？

夢の中では因果関係が転倒し、「大きい」と「小さい」、「よい」と「悪い」は同じことばで語られる。それればかりか、時間さえ逆転する。わたしたちはそのような「あべこべの世界」を定期的に訪れるわけだが、わたしたちが夢を見るのは、「あべこべの世界」とこの世界を行き来することそれ自体が、生存上の必須だからではないのだろうか？

睡眠時には覚醒時とは違う仕方で自律神経系が作動し、呼吸も体温調整も筋肉反射も覚醒時とは違う仕方で機能している。いわば寝ているあいだ、人間とは一時的に人間とは別の生物になっている。夢の中でわたしたちは、覚醒時のロジックや因果律や時間意識とは違うフレームワークのなかでものを見ている。夢の中で、いわば人間は一時的に人間とは別の仕方で世界を経験している。
『マクベス』の冒頭で、妖女たちが「きれいはきたない、きたないはきれい」と歌うと、それにつられてマクベスも「こんなきたないきれいな日は見たことがない」と語り出す。妖女たちはまだコーダの領主にも国王にもなっていない時点で、マクベスに向かって、「コーダの領主」「行く末の王」と呼びかけ、マクベスと同道していたバンクォに対しては「マクベスよりは小さくて大きい」「マクベスほどに運はよくないが、ずっと運がよい」「王にはなれないが、代々の王を生む」と予言する。★11
妖女たちのこの語り方は人間のものではなく、ただしく「夢の文法」に則って語られている。

★10　S・フロイト『夢判断』，高橋義孝訳，〈フロイト著作集 2〉，人文書院，1968 年，29 頁．
★11　W・シェークスピア『マクベス』，野上豊一郎訳，岩波書店，1938 年，10 頁．

「夢の文法」とは、「きれいときたない」「大きいと小さい」「幸運と不運」「Aと非A」が同じひとつのもののうちに輻輳《ふくそう》し、時間が逆流するような世界を叙するための文法である。

だが、どうしてそのような文法が存在し、わたしたちは夜ごとその文法で叙された世界を生きるのか？　それは「わたしたちはどうして物語を読んで倦まないのか？」という問いとおそらく同根のものである。

わたしはこの問いに対して、ひとつしか答えを思いつくことができない。

それは、「夢の文法」で叙された世界から、それとは違う文法で叙された世界へのシフトを日ごと繰り返すことによって、人間はそのつど人間として再生するという仮説である。人間性とは、そのつど新たにおのれを人間として構築することができる能力のことであるという仮説である。

ただし、「そのつど新たにおのれを人間として構築する」この行程を通俗的な意味での「進歩」とか「進化」というふうに考えてはならない。

もし、たえずより上位の、より高度の人間的状態へと変身しつづけることが人間であるための条件であったとしたら、わたしたちはおそらくそのストレスですり減ってしまうだろう。人間はそれほどタフな生き物ではない。

人間は、おそらく「まだ人間ではない状態」と「人間になった状態」を定期的に行き来することで自らを人間としてそのつど再構築するという方法を採用したのである。

これはかつてレヴィ＝ストロースが「冷たい社会」と名づけた社会（それは人間社会の原初的形態をおそらく今日に伝えている）のうちに見出したものに通じている。レヴィ＝ストロースは「熱い社会」と

「冷たい社会」を対比してこう論じた。

> 民族学者が研究している社会は、私たちのこの巨大な近代社会と比べると、「熱い社会」に対する「冷たい社会」というふうに言えると思います。それは時計と蒸気機関の関係に類比されます。「冷たい社会」、それはごくわずかの無秩序(物理学者が「エントロピー」と呼ぶものです)しか発生させない社会です。それは初期状態をできるかぎり無限に維持しようとする傾向があります。それゆえにこそ、それらの社会は歴史も進歩もないもののように私たちの目には映るのです。★12

「冷たい社会」には歴史も進歩もない。しかし、変化はある。

時計の針は時々刻々と変化するけれど、一二時間たつとまたはじめの状態に戻る。それと同じく「冷たい社会」では、親族制度も婚姻規則も経済的交換も、「いくつかの段階を連続的に経由して出発点に戻り、そこからまた次のサイクルを再開する」。★13

ここでは、「進化」に類することは起こらない。けれども、同一サイクルの繰り返しは、これ以上ないほど確実に担保されている。

人間がそのつどおのれを新たに人間として構築するシステムというのは、おそらくは、時間が経過するにつれてますます多くの無秩序と世界の汚れを不可逆的に生み出していく「熱いシステム」ではなく、一巡すると初期条件に回帰する「冷たいシステム」であるのではないだろうか？

そこではいったん秩序が破綻して、混沌が生じ、それが復旧されて、秩序が再構築されるというプロ

★12　G. Charbonnier, *Entretien avec Claude Levi-Strauss*, Julliard, 1961, p.38.
★13　同書，p.45.

セスが永遠に繰り返される。それは、おそらく、人間は、混沌から秩序へ、破壊から再生へ、夢から覚醒へ、という循環的歴程を毎日のように繰り返すことで、おのれが何ものであるかを知ることができるからである。

5 超人と道徳

人間というのは状態ではなく過程であるとする知見はもちろん珍しいものではない。たとえば、ニーチェ[☆]の「超人」という概念は、ある状態に安住せず、それより上の境位めざして身をよじるように向上しようとする超越の力動性そのものを指していた。

ニーチェはツァラトゥストラにこう語らせている。

> わたしがかつて人間たちのもとへ行ったとき、わたしはかれらが古い誤信の上にすわっているのを見いだした。人間にとって何が善であり悪であるかを、すべての者が自分はとうに知っていると思いこんでいた。[…]この惰眠を破って、わたしは次のことを教えたのだ。何が善であり悪であるか、そのことを知っているのは、ただ創造する者だけだ。★14［引用文中の傍点は原典より。以下同］

☆**フリードリヒ・ニーチェ**（Friedrich Wilhelm Nietzsche, 1844-1900）
ドイツの哲学者．彼による「神の死」の宣告以後，絶対的な原理を基準にして人間の行為を意味づける術を失ったといえる．主著に『ツァラツストラ』『善悪の彼岸』など．

ニーチェは『善悪の彼岸』や『道徳の系譜』でも、繰り返し「善悪の自明性」を審問している。「善ははたしていかなる起源を有するのか?」という過激な問いを、哲学史はブルジョワ的な近代道徳に対する批判というふうに読んできた。

もちろん、ここでニーチェは、現存する道徳律は無意味だから廃棄せよというようなアナーキーな主張をしているのではない。そうではなくて、もし善に正統な起源があるとすれば、それは、全能の神でも、書かれた律法でも、人間のなかに実在するとされる先天的善性でもなく、善をそのつど善として新たに構築しうる人間の創造性であると主張しているのである。

善や悪はあらかじめそのようなものとして定義づけられ、カタログ化されてわたしたちに与えられているのではない。善悪は、それを「善」と名付け「悪」と名付ける人間の創造行為によってはじめてこの世界に生成する。

ニーチェが「惰眠」となじったのは、「何が善であり悪であるかを、自分はあらかじめ知っている」という人間の賢しらである。

人間は自ら善を創造するまで、善が何であるかを知らない。創造し、それを「善」と命名するものの出現によってはじめて「善」が何であるかは知られるのである。

善悪を惰性的なカタログとみなす伝統的な道徳観を批判してニーチェはこう書いている。

> 「よい」という判断は「よいこと」を示される人々の側から生じるのではないのだ! 却って、「よい」のは「よい人間」自身だった。換言すれば、高貴な人々、強力な人々、高位の人々、高邁な人々が、自分たち自身および自分たちの行為を「よい」と感じ、つまり第一級のものと決め

★14 F・ニーチェ『ツァラトゥストラ』，手塚富雄訳，〈世界の名著 46〉，中央公論社，1966年，291 頁．

て、これをすべて低級なもの、卑賤なもの、卑俗なもの、賤民的なものに対置したのだ。こうした距離の感じから、彼らは初めて、価値を創造し価値の名を刻印する権利を獲得した。★15

ニーチェの「超人」や「貴族」の概念には因習的な人種差別的な含意がへばりついているせいで、このような文章をまじめに読む読者は今では多くないが、わたしが理解するかぎり、ニーチェはここでも「人間」も「善」もそのつど生成される以外にないものだと述べている。

人間とはあくまで「乗り越えられねばならぬもの」であり、それは「過渡」であって「目的」ではない。「わたしは生まれてからずっとつねに人間であったし、これからも人間である」と信じてはばからない人間は「人間とは何かを自分はとうに知っている」という「古い誤信」の上にあぐらをかいているにすぎない。

ニーチェの定式に従えば、さらに次のように言うことができるだろう。

自分は道徳を知っていると思っている人間は道徳的ではない。それと同じように、自分はもう人間と思っている者はまだ人間ではない。人間とはおのれ自身がこれから創造されるべきものだということを知っている者のことである。

けれども、この命題には致命的な背理が含まれている。

「人間とは、人間としておのれ自身を構築することのできる者のことだ」と人間を定義したとする。すると、このとき、おのれ自身を人間として構築しつつある「いまだ人間ならざる者」は、自分が構築しつつあるのが何であるかを知っていることになる。すでに人間とは何かを知っており、そのモデルを写しているのであれば、それは既存のカタログの機械的複写にすぎず、けっして「創造」とは言われない。

しかし、もし自己造形にモデルがないとしたら、「人間とは何か」を知らないままに、どうやって「いまだ人間ならざる者」はおのれを人間として構築することができるのか？

ニーチェはこの難問に答えてはいない。

「よい」人間が「よいこと」をおこなうのは、ある行為を「よい」と「感じ」て、そう「決める」からだという説明はほとんど説明の体をなしていない。しかし、かのニーチェがそう言う以上、「そう言う以外には説明のしようがない」という判断に与するほうが賢明だろう。

断定する者は、おのれの下した断定によって、「断定しうる者」としてのおのれを基礎づける。「わたしはここにいます」という言明を発する者は、その言明によって「わたし」と「ここ」が宇宙論的付置のどこに位置づけられるかを知る。まずもって「わたし」がおり、「ここ」が定位され、その「後に」、「わたしはここにいます」という名乗りがなされるわけではない。

人間が人間として出来する起源のときにおいても、それと同じように、ことの順逆は転倒しているのだ。

おのれを人間として構築せんとする人間的志向を根源的に基礎づけるのは、「人間になれ」という天上的命令でも、「人間とはかくかくのものである」という実定的なモデルでもなく、おのれがそれになるべき「人間」を（いまだ知らない時点で）時間の順逆を狂わせて先取りしうることそれ自体なのである。

★15　F・ニーチェ『道徳の系譜』，木場深定訳，岩波文庫，1964年，22–23頁．

これは自分自身の髪の毛をつかんで自分を中空に引き上げる奇術に似ている。中空に浮くためには、自分の髪の毛を上に引き上げているのは「天空からの手」であると信じなければならない。しかし、実際に「天空からの手」がわたしを引き上げているのだとしたら、わたし自身は創造しているわけではなく、たんに抗いがたい力に屈服しているにすぎない。だから、おのれ自身を人間として構築することが創造の行為であるためには、「人間としておのれ自身を構築する過程」のうちに「すでにおのれを人間として構築し終えた者」が擬制的に先取りされていなければならないのである。

進むべき道を知らないわたしを、旅程を熟知したわたしが領導し、「現在のわたし」に「未来のわたし」が進むべき道を教える。この背理に耐えることが、つまり、ひとりの人間のうちに「いまだ人間ならざるもの」と「すでに人間であることを完了したもの」が無矛盾的に同居していることが、人間が「過程」であるためには論理的に不可避なのである。

6 複雑は簡単、簡単は複雑

ここまで読まれて、「いったいウチダはなんの話をしているのか?」と困惑されている読者もおられるだろう。だが、ご心配には及ばない。わたしは最初からずっと同じ話をしているのである。「あべこべことば」も「メタ・コミュニケーション」も「ダブル・バインド」も「夢」も「超人」もすべて同じパターンの上に描かれた意匠である。

最初のほうにわたしはこのパターンの基本になる問いを記しておいた。

「人間はどうして、わざわざ話を複雑にするのか？」

わたしはここまで、この問いに答えようとして、あれこれの材料を並べてみたのである。

もちろん、まだ答えは出ない。

しかし、少なくとも「話を複雑にする」こともまた、「話を簡単にする」のと同じく、人間の本性にかなっているということはわたしには少しだけ得心が行った。

おそらく、人間知性は「話を複雑にし、ついでそれを簡単にする。さらにそれをもう一度複雑にし、ふたたび簡単にする。さらにそれを……」という循環プロセスを繰り返すことによって機能しているか、あるいは、そのプロセスを繰り返すことでしか機能しないのである。

ただ、ここで言う「複雑」とか「簡単」とかいう語を因習的な語義で理解してはならない。

「複雑」とは端的には「違うものが、同じ名で呼ばれる」という事況のことである。

たとえば、「大きい」と「小さい」が同じひとつの語で言い表され、それがいずれを意味するのかをそのつど識別しなければならないというような事態は間違いなく「複雑」である。「人間」とは「いまだ人間でないもの」と「すでに人間であり終えたもの」がひとりのうちに無矛盾的に同居している事態のことである、というような「人間」定義もまたたいへんに「複雑」である。

翻って「簡単」とはなんだろうか？

よく考えると、これもまた「違うものを、同じ名で呼ぶこと」なのである。

たとえば、9・11同時多発テロのあとに、ジョージ・W・ブッシュ大統領は世界各国に向けて、アメリカとともにあるか、テロリストとともにあるかの選択を求めた。「世界は、文明と善とともにあるか、野蛮と悪とともにあるかを選ばなければならない」と大統領は獅子吼した。

しかし、そう凄まれても、それぞれの国にはそれぞれの個別的国益がある。どの国でもアメリカとアラブ＝イスラム圏と利害親疎の関係は入り組んでいて、国益を同じくする国は二つとない。そういう局面で、全世界の国ぐにを二つの陣営のどちらかに登録せよと迫るというのは、あきらかに「別のもの」を「同じ名」のうちにくくり込むことにほかならない。

ところが、これをわたしたちは「話を簡単にする」プロセスというふうに理解している。

よくよく考えると不思議な話だ。

一時期はやった「勝ち組」と「負け組」という二分法も、血液型による四分法も、星座による一二分法も……、「話を簡単にする」ための操作であることに変わりはない。しかし、これらもまた「違うものを、同じ名で呼ぶ」ことに帰着するのである。

ブッシュ大統領の場合は、メディアが好む言い方を借りれば、「話を簡単にするつもりで、話をますます複雑にしてしまった」とされている。

社会生活を営んでいると、それに類することにはよく出会う。話をむやみに簡単にしたがる人間は、どの組織でも、たいていは、いらぬ騒ぎを引き起こすトラブルメーカーである。

逆に、「話を複雑なままにしておく」ことのできる人間を、わたしたちの社会は「清濁併せのむ度量」とか「融通無碍《むげ》の人」と呼称して、これを敬するという美風がある。こういう人に、どうしても妥協の成らない対立を預けておくと、「では、両論併記で」とか「では継続審議で」と言って、対立する提案を「同じひとつの袋」に放り込んだままにしておく。不思議なもので、そんなふうにしていると、いつのまにか解決不能と思えた難問が片づいてしまっていたりするのである。

「簡単の人」も「複雑の人」も、「違うものを同じ名で呼ぶ」「別のものを同じひとつの袋に放り込む」という操作そのものについては、じつは、やっていることはあまり変わらない。

違うのは、「複雑の人」は、「別のものを同じひとつの袋に放り込んで」おきながら、それが「別のもの」がたまたま「同じ袋」に入っているだけだということを知っているというだけのことである。

つまり、「簡単」と「複雑」は、同一の操作のわずかな程度差にすぎないのである。

と、こうやってわたしはいま「簡単」と「複雑」を「同じひとつの袋」に放り込んでみせた。

人間はこういう操作を繰り返すのである。どうしてかはわからないけれど、そのような操作を繰り返すことでしか人間の知性は機能してくれないのである。

だから、この本でわたしが試みるのもまた「できるだけ話を複雑にする」ことである。

どうして話を複雑にしたいかというと(もう、みなさんにも理由はおわかりですね)、そのほうが話が簡単だからである。どうして話を簡単にしたいかというと……(以下同文)

第1章 身体からのメッセージを聴く

原則として、ぼくは原稿を用意しないで来て、その場の気分で話すことにしています。自分が知っていることを話すのは、話す本人にとってはあまりおもしろくないんです。もう知ってることだから。それより、話しているうちにふと思いついた話のほうが、話している本人にとっても「はじめて聞く話」だからおもしろい。話している人間がおもしろがっている話のほうが、聞いているみなさんにとってもおもしろいと思うんです。たぶん。

大学でも、完全な講義ノートを持って教室に行ってそれを読むような授業をすると、学生は反応してくれませんね。眼を落としてノートを読み上げると、たちまち学生さんは眠りはじめます。内容的にはけっこういい話をしているんですよ。でも、ダメですね。準備してきた話には反応してくれない。でも、なんの準備もしないでその場で思いついた話をすると、あまり内容のない話でも、みんな反応する。

どうしてなんでしょうね。

きちんとノートの準備ができている話のほうが語り口がなめらかで、いま思いついた話のほうはたどたどしいかというと、不思議なことにそうじゃない。逆ですね。準備してきた話のほうがむしろつっかえる。「前からずっと思っていたことなんですけど」というマクラを振ってする話は、ぼくの場合まずその場で思いついた話なんですけれど、そういうほうがよどみなく流れる。

たぶん、ぼくがその場で思いついたことは、「生きている」んでしょうね。アクティヴな状態にあるものに聴衆はかならず反応をする。それは話の主題や難易度にはかかわりがないです。

そういう場合は、話している当のぼく自身も自分の話がどう転ぶかわからない。「いったい、ぼくはこれからどんな話をするんだろう?」とか「こんな話を始めて、ちゃんとオチがつくんだろうか?」という興味や不安があって、その「ぼくのぼく自身の思考の流れに対する興味」が聴衆にも感染してしまうのではないかと思うんです。

人間って、人の話の内容なんか、たぶん聞いてないんですよ。話している当の本人が自分のしている話にどれくらい興味をもって、どれくらいドキドキしながら「自分自身の思考の流れ」を追っているのか——聞く人はそれに反応しているんじゃないですか。

だから、嘘をついている人間はすぐわかりますね。「話を最後まで聞いたら、つじつまが合わない、だからこれは嘘だ」というふうにぼくたちは推論しているわけじゃない。その人が口を開いた瞬間に「あ、これは嘘だ」って、わかるときはわかります。それは、たぶんその人が自分自身の話にどれくらい興味をもっているか、あるいは好奇心や敬意をもって「自分の声を聞いているか」ということに感応しているんだと思います。

モーリス・ブランショという哲学者が「人間が語るときは、つねに二人の人間が同じことを語っている。わたしのなかでは〈他者〉が語っている」ということを言ってます。なんのことなのか、長いこと意味がわからなかったんですけれど、もしかするとこういうことじゃないかと思うんですね。話すときでも書くときでも、たぶんぼくたちは自分のなかで語る「他者の声」を聞いて、それを記録している。そして話を聞く人や読む人は、「他者の声を、ドキドキしながら記録している」ぼく自身の興奮に反応している。

っていうことを前から思っていたんですけれど……というのはもちろん嘘で、これもいま思いついた話です。だから当然、今からする話もたいていその場の思いつきです。話が次々に飛んで収拾がつかなくなると思いますが、なんとか着地できるといいですね。

先手を取る 内田百閒

いま、ちくま文庫で『内田百閒《ひゃっけん》集成』が出ています。ぼくは百閒先生の大ファンで第一一巻『タンタロス』に解説を書かせてもらいました。ぼくが担当した巻は、おもに百閒先生の法政大学の航空研究会での思い出話を語ったところです。

内田百閒先生は教師として偉大な人だと思います。教育実践のパフォーマンスがすばらしい。それは、つねに学生の「先手を取っている」ということです。先回りをする。教室にも時間どおりには来ない。やや遅れてやってきて、授業を始めるといきなり一喝して訓話をする。学生はびっくりしてしまう。「いったいこの人は何を考えているのだろう、何をする気だろう」と、聞いている学生諸君が深甚な疑問にとらわれる。そこを見計らって授業に入っていく。

これこそ教師の鑑《かがみ》ですね。

教師の仕事というのは、極論すればひとつしかない。それは生徒の先手を取って、先回りするということです。生徒に「この人は何を言っているんだろう?」という疑問を抱かせて、「後を追わせる」。ただ、それだけのことなんです。それが教師という仕事のアルファでありオメガであるとぼくは思っています。

だから教師が生徒に「先回りされたらおしまい」なのです。いまも聞いているみなさんが、「内田はこのあとでこういう結論にもっていくんじゃないか、こういう事例を引くのではないか」と予測して、そのとおりにぼくがしゃべったら、その瞬間に聞く側のみなさんのテンションはどーんと下がってしまうはずです。

だから、小中学校の朝礼での校長先生の訓話とか、地元の代議士がイベントに来ておこなう祝辞とかほどつまらないものはない。何を言うかが句読点までわかっている。そういうことばを聞かされるのは、ほとんど知的な拷問です。ものすごくつらいことです。自分の人生の貴重な時間が殺されていくみたいな不快感がありますね。

決まりきったことを教壇から聞かされることがどれぐらい不幸なことかは、しゃべっている当人も聞かせられている子どもたちもあまりわかっていない。でも、これはほんとうに根源的な仕方で人間を傷つけ、損なう経験じゃないかなとぼくは思います。そこには運動性がない。生きているものがない。なにか生物として、本質的にまちがったことがおこなわれているということを子どもだって感じるのです。だから、子どもたちでも大人でも、つまらない話を聞かされると、すぐに眠くなってしまうんです。

眠るっていうのは「狸寝入り」と同じで、ある種の仮死状態に入り込んで、苦痛をやりすごすことですよね。話を聞いているうちに眠くなるというのは、それを聞くことがじつは命をすり減らすような経験だということを、聞いている本人が生物としての本能のレベルで気づいているんです。

百閒先生は教場ではひじょうに厳格な先生で、学生を怒ってばかりいる。でもいっしょにビールを飲むと、とたんにとんでもないいたずら小僧になって、学生が思いもしなかった悪戯の数々をする。この本に出ている航空研究会のエピソードもほんとうに素敵です。法政大学の学生が昭和の初めごろ、二か月ぐらいかかってローマまで友好のための飛行をするわけですが、学生飛行士に対する愛情にあふれたとてもいい文章です。

その航空研究会の会則第一条が、「会長の権限は絶対なり」。

こういうことが書ける人はすごい。こういうことは生半可な覚悟では書けません。断片的な知識やスキルを教えるのではなく、トータルなものを引き受ける教師としての決断がここに込められています。教師が学生に向かって、「自分は絶対である」と宣言するのはたいへんな覚悟と愛情がいると思います。この人はほんとうに達人だなあと思いました。

達人であるところの所以《ゆえん》が、先ほど言った「先回りをされないこと」なんです。聴衆と講師の場合でいうと、つねに一歩か二歩先を行くこと。同じことをぼくは甲野善紀《よしのり》先生から違う話で聞きました。

追わせれば活殺自在 甲野善紀

甲野先生はご存じのとおり武術家です。ぼくも合気道をやっている関係で、何度かうちの学校に来ていただいて道場でご指導いただいたことがあります。何回か前の講習会で、手を握らせて、それを崩すという術をかけていただきました。

こちらの「技がかからない」というのは、相手の「期待の地平」のなかで仕事をしているということです。それだと先回りされて動きを止められてしまう。人間というのはほとんどの場合予測のなかで動いているわけですから、予測されて、先回りされるとおしまいです。

逆にいえば、「技がかかる」というのは、こちらが何をするかがわからなくて、相手がぼくの後を追ってくるという状態でしか成立しません。追ってくる人間はどんなふうにもコントロールできる。好きなところに導いていける。「追っている相手は活殺自在である」と甲野先生はおっしゃっていました。これはまことに奥の深い技法原理だとぼくは思います。

甲野先生にヒントをいただいてから、自分でもあれこれと工夫してみたら、気がついたことがずいぶんありました。相手を微妙な遅れのうちにおいて、相手がその遅れをなんとかキャッチアップしようとずっと追ってくる。そのとき、追う人間の身体がひじょうにやわらかくなっているということですね。筋肉に伸びがあるのです。皮膚の感度が上がっている。

当然ですよね。予測できない動きをして変化していくものをフォローしているわけですから、身体の感度は上がって当然なんです。センサーの感度が高まっている。肩の力が抜けて、関節がやわらかくなる。どんな変化にも臨機応変に対応できるように、重心もどちらにも偏らず、あらゆる身体部位がすぐに「動員可能」な状態でリラックスしている。

つまり、武道的にたいへん不利な状態にいて、すでに「負けている」にもかかわらず、身体的には「いい状態」なのです。三〇年武道の稽古をしていて、このことに全然気がつかなかった。

武道にはいろいろな逆説というか背理というか、謎があるんですけれども、この「負けている状態は気分がいい」というのも謎のひとつです。こういうことは競技やスポーツとして格闘技をやっている方にはあまりぴんとこないと思います。「負けると痛い」とか「負けると不愉快」というのがふつうで、だから「勝ちたい」という動機づけになっていますからね。

でも、武道の稽古の局面ではそうじゃない。逆なんです。形稽古というのが武道の基本的な教育法ですけれども、形稽古においては、つねに高段者、師匠が「先《せん》を取る」。これはもう決まっているんです。そして、微妙に遅れて弟子がそれをフォローしていく。それはたんにモデルの後を追いかけていって、その型をなぞるということではない。そうではなくて、「後を追う」ときに、人間の身体は伸びが出て、感度が上がって、身体的には「いい状態」になるからです。

その「いい状態」の頂点において、つまり全身が最高にリラックスして、どんな入力にも対応できるくらいに臨機応変のシステムが整ったところで技をかけて制してしまうわけです。逆説的に聞こえるでしょうけれど、人間の身体が最高にリラックスして、いちばん臨機応変になっているときというのは、言い換えれば「いちばん危機的なとき」なわけですからね。

これは軍隊と同じです。軍事的な危機がいちばん高まったときに、軍隊はいちばんフレキシブルでいちばん効率的に運用されるようになります。当然ですよね。平時にはたいへん効果的に機能する防衛システムが、軍事的緊張が高まると同時に硬直化して、応用がきかなくなるというのじゃ、使い物になりませんから。

生物だって同じです。いちばん危機的なときに、身体の感度と潜在的な運動性能は最高になる。その状態を経験させるために形稽古というものを繰り返す。それは弟子からすると、師からして「活殺自在」の状態に「置かれる」という経験を繰り返すということです。でも、それは少しも不快な経験じゃない。苦痛でも、屈辱でもない。むしろ快感なわけです。

武道の背理についてはぼく程度の武道家はまだまだ初歩的な段階にしかいないわけで、わかっていることはごく一部なんですけれども、その段階でとりあえず発見したことは、「教育」とか「教え」とか「学び」は、根本的には「追うモード」、甲野先生の命名するところの「センサー・モード」に身を置くということです。自分の心身の感受性を最大化して、目の前で変化していくものを、わずかなビハインドをはさんでずっと追っていく。そのとき、身体の状態がたいへん理想的なかたちになる。

だから師弟関係において、師の後を追わせるのは、師をロールモデルにしてそれを「真似る」ということが目的なのではなくて、ロールモデルを「追う」という身振りそのものがすでにして十分教育的に機能しているからなのです。

奥義の伝授　黄石公

話はどんどん脱線しますが、ぼくが師弟関係を考えるときに手がかりになる「不思議な話」があります。張良《ちょうりょう》と黄石公《こうせきこう》の話です。これは『張良』と『鞍馬天狗』という能に出てくる逸話です。二百しかない能のなかに二回出てくるわけですから、中世の日本人にとっては、おそらくたいへんなじみのある中国の逸話のひとつだったのでしょう。

張良というのは漢の創業の功臣だった人です。この人が若いころ、秦の始皇帝を暗殺しようとして失敗して逃亡する。亡命しているときに、ある国で黄石公という老人に出会う。黄石公は太公望の兵法を嗣《つ》いだ達人です。その黄石公が張良に「兵法の奥義を伝授してやろう」と言う。

そこで師弟関係を結んだけれども、べつに何も教えてくれない。張良が少しいらいらしてきて、「この人はいったい何を考えているのか」と思いはじめたころ、ある日、道端でばったり石公に出会う。石公は馬に乗っている。ポロリと左の足の沓《くつ》を落とします。そして張良に向かって、「拾って履かせよ」と言います。張良はちょっとむっとしますが、とりあえずそれを拾って履かせると、そのまま行ってしまう。
また何日かするとまた馬に乗った石公に会う。すると今度は左右両方の沓をボロボロと落とす。また「拾って履かせよ」と言う。張良はますますむっとするのですが、我慢して沓を拾って履かせた瞬間に長年の疑問が溶けて、「兵法の奥義」が伝授される。沓をはかせた瞬間に、太公望の兵法の奥義の伝授が終わってしまうのです。

黄石公が張良に兵法の奥義を伝授したことの証明として巻き物を渡すが、巻物を拡げてみると白紙だったという小書きのついた演出もあります。これはいろいろな芸道の世界において、よくひかれる例ですね。

さて、いったい黄石公は何を教え、張良は何を学んだのでしょう。

沓を一回落として履かせる。もう一回落としてまた履かせた。その瞬間に兵法の奥義が伝授される……。もし、兵法の奥義を具体的な技術とか情報というふうに考えたら、これはありえないことですね。そういうものは「瞬間」では伝達できませんから。その場で会得されたということは、兵法の奥義というのはそのような実定的な情報ではない、ということです。おそらく情報そのものではなくて「情報を伝える仕方」なんだと思います。黄石公が教えたのは、ある種の「関係のとり方」「人と接するときのマナー」なのです。

凡人だったら黄石公のメッセージはたぶん伝わりません。沓を履かせても「この先生はぼろぼろ沓をこぼすようじゃ、もうボケ老人だな……ダメだ、こりゃ」で終わってしまうでしょう。でも、張良の場合はそうではなかった。沓を履かせた瞬間にわかった。何がわかったかというと……、以下はぼくの作り話です。

要するにこの話の勘所はどこにあるかというと、「ひじょうに似たシチュエーションが二度繰り返される」というところにあります。ほかはどうでもいいんです。二度繰り返される。そこだけが問題なんです。

一回目、沓が片方落ちる。二回目、沓が両方落ちる。一回だけだったら、張良もたんなる老人の失錯だと思うかもしれません。しかし、二回落とすとなると張良も考えます。

「たしかこの前も同じ状況で先生は沓を落とした。今回も落とした。前回は左の沓、今回は両方の沓……これはいったいどういう暗号なんだろう？」

張良はそんなふうに考えはじめたはずです。黄石公は「自分がそのルールを知らないゲームをしているのではないか？」と思ってしまったのです。

「いったいどんなルールでこのゲームは進んでいるのか？　このゲームを通じて、黄石公はわたしに何を言おうとしているのか？」

たぶん、そういうふうに張良は問いを立てたはずです。そして、「そういうふうな問い」を立てたときに、人間は、それとは知らずに「弟子になる」のです。

自分の目の前にいる人が「自分にはルールのわからないゲーム」をしている。自分には輪郭が見えない叡智を蔵している。そういうふうな構図で人間関係をとらえること、それが師弟関係の構造です。ジャック・ラカンのいう「知っていると想定された主体」です。「自分が知らないことを知っていると想定される主体」、それが師（ラカンの場合なら分析者）です。そう想定した瞬間に、張良は負けます。そういう主体を自分でつくりだしてしまって、自分のほうから進んで師弟関係の弟子の位置に行ってしまったからです。

二度目の沓落としのときに、黄石公を「自分にわからないルールでゲームをやっている人間」だと思いこみ、そのルールはどんなものだろうというふうに考えはじめた瞬間に、黄石公に「先手を取られた」ということに張良は気づきます。絶対的な遅れを介して、「後を追う」という位置にすすんで入り込んでしまったときに人は「負ける」ということに張良は気づきます。自分の目の前にいる人間を「謎を蔵した人」と想定した瞬間に、かならずその人は「後を追う」モードに入り込んでしまいます。そして、先ほどから繰り返し申し上げているように、「後を追う位置」にいること、それが武道的には「負ける」ということなのです。

張良はこのときに「絶対に負ける仕方」を身をもって学んだわけです。それは逆転させれば「絶対に勝つ仕方」のことでもあります。ですから、張良は自分が術技や強弱の水準ではなくて、「構造的に」敗者の位置に立っていることに気づいたときに、「絶対必勝」の仕方(それがすなわち「太公望の兵法」にほかなりません)をも同時に学んだことになる。ぼくはそんなふうにこのエピソードを解釈しています。

自分の目の前で、先生が二つの微妙に違った身振りをする。それを「謎」だと考えることのできる人とできない人がいます。そこで「なんか、変……」と感知できない人は、けっきょくは師弟関係にはコミットすることができません。

師弟関係にはいくつかの段階があります。師のふるまいのうちに「自分に理解できないルール」がある、というふうに推論する段階。その自分にはわからないルールを理解したいと欲望する段階。そして、謎を理解しようと欲望することで人間は構造的に敗者になるということを自得する段階。このようにいくつもの段階が、張良の場合には一瞬のうちに成就したんじゃないか、それが兵法の奥義を会得する、ということではないかとぼくは勝手に思っているわけです。

こういうことは誰もことばでは教えてくれないし、聴いてもわからない。

身体を割って聴く　光岡英稔

合気道をやっていて、ぼくの技術が低いときは、たとえ相手の動きの先を取るということがあっても、かならずしも相手の身体はやわらかくならない。ぼくに「負けて」はいるけれど、それほど「いい状態」にはなってくれないのです。でも、こちらの術技が向上してきて、自分よりかなり段階の下の人とやると、相手の身体がひじょうに伸びがよくなることがある。なんでこんなに伸びがよくなるのか。

中国武道で「推手《すいしゅ》」という訓練法がありますね。お互いに手を合わせて「勁《けい》」を送り、「勁」を受け流すという稽古法です。

中国武術には「ちから」という意味をあらわすときに、「勁」と「力《りき》」という別のことばを使い分けます。「力」はフィジカルな力、筋肉や骨格の出す力で、それを使ってぼくたちは摑んだり押したりします。でも「勁」は、そういうものとは違います。それは細かいバイブレーションのようなもので、相手の身体にしみ込んでいく。

人間は生きているかぎり、いろいろな波動を出していますよね。心臓も鼓動しているし、呼吸器だって動いている。細胞だってたえず顫動《せんどう》しています。そのような身体の発するさまざまな震動を統御して、細かいバイブレーションを送信することが人間にはできます。それがコントロールできる人は、小さい女の子でも大の男を倒すような勁を発することができる。

「聴勁《ちょうけい》」というのは、「勁を聴く」ということです。相手の身体から送られてくる身体信号を聴き取るわけです。

「聴く」というのはいいことばだなと思いました。日本語の「聴く」ということばの対象は音だけじゃないです。「利き酒」というときの「利く」も同じ語源ですけれど、これは「味わう」ということですね。「梅の香を聴く」というときの「聴く」はにおいを嗅ぐということですね。聴覚だけじゃなくて、味覚でも嗅覚でも、およそ微細な信号を受信しようとするときって、人間はかならず「聴く」んです。だから「勁」も感じるとか触れるじゃなくて「聴く」わけです。

それは梅の香りを聴くのと同じで、とっても気持ちがいいことです。

何が気持ちがいいかというと、合奏している感じに近いと思います。こちらがあるフレーズを送ると、向こうがフレーズを返してくる。ジャズのインタープレイみたいな感じですよね。

ぼくはこのやり方を最初に意拳《いけん》の光岡英稔《ひでとし》先生から習ったのですけれど、光岡先生がこのときの心得としておっしゃったのは、「聴くときに身体を細かく割る」ということでした。自分の身体をソリッドな単体ではなくて、人間の身体を構成する六〇兆の細胞に割るんです。

細かく割ると、相手の勁が全身の細胞の中にしみ入るように溶け込んでいく。勁というのはある種の「打撃」ですから、それを正面から受け止めたら吹っ飛ばされてしまう。それをやわらかく聴くことで、こちらのダメージは限りなくゼロに近づきます。勁を発するときはこんどは逆に六〇兆の細胞に分散した気の力を一点に集約して、それを相手の身体にまっすぐに送る。聴くときは勁を「六〇兆分の一」に換え、送るときはそれをまた「一」に戻す。自分の身体を無限に細かく割っていき、それをまたひとつに戻す。その分解と統合を繰り返すわけです。これがすごく気持ちがいいんですね。

だいぶ長い前置きになりましたが、ここまでは「マクラ」で、本題はこれからです。今日の話のタイトルは「身体からのメッセージを聴く」です。「身体で聴く」ということはどういうことか。それについてこのところ考えていることを少しまとめてお話ししてみたいと思います。

物語に編成された身体

最初は、教育学者の佐藤学先生のことばです。佐藤さんはこんなことをおっしゃっていました。

◆物語を生きる人たち

以前、援助交際をしている子たちにインタビューしたとき、どの話もきれいに物語になっていることにひじょうに憤りを覚えました。親を恨む物語、親の子育ての責任というパッケージの物語になっている。反面、その物語からはいつでも抜けだせるという感覚が彼らのなかにはあって、つまり「リセットできる」という感覚です。そう感じられるのはなぜかというと、経験を生きているのではなくて、物語で自分を生かそうとしているからです。そういう仕組みにからめとられていると気づいたとき、これはもうダメだと思った。物語を拒絶しなきゃいけない。★01

佐藤先生はここで「経験」と「物語」と二つのものを対立的に語っていますけれど、これは「身体」

★01　佐藤学『身体のダイアローグ』，太郎次郎社，2002年，89頁．

と「脳」の対立というふうにも言い換えられると思います。

養老孟司先生の言うとおり、いまの世の中は「脳化された社会」です。「脳」がすべてを統御しようとしている。この傾向は世代が若くなればなるほど強くなっています。

若い人は身体的な快楽に身を投じて頭をさっぱり使わないと言う人がいますが、話が逆です。そうじゃない。若い人は全然身体を使っていないんです。身体は完全に死んで、脳だけが生きている。それが、「物語」のなかで生きているというふうに佐藤先生が指摘している状況です。

その一例として、セックスワーク、売春のことを取り上げてみます。いまの日本の知識人が援助交際やセックスワークについて書いている文章の中にはかなり問題の多いものがあります。それらはほとんどが頭だけで考えた話だからです。売春というのは端的に身体的出来事であるにもかかわらず、この議論で身体そのものが問題になることはほとんどないのです。

上野千鶴子と小倉千賀子の『ザ・フェミニズム』はそのような売春容認論の一つの典型です。それを読んでみましょう。

◆「自己決定」という物語

小倉：そしたら上野さんは、援助交際をする女の子の気持ちもわかりませんか?

上野：わからないことはない。援助交際はただではやらせないという点で、立派な自己決定だと思います。しかも個人的に交渉能力を持っていて、第三者の管理がないわけだから。[…]援交を実際にやっていた女の子の話を聴いたことがあるんですが、みごとな発言をしていました。男から金を取るのはなぜか。「金を払っていない間は、私はあなたのものではないよ」ということをはっきりさせるためだ、と。［…］つまり、あなたが私を自由にできるのは、金を払っている間のことだけで、それ以外は私はあなたの所有物ではない、ということをはっきり示すためだと言うんです。★02

この発言のなかで問題なのは、「お金を払っている間だけしか自由にさせない」というこの少女が客に「自由にさせている」ものとはいったい何かということです。

この援助交際する少女が売って、一時的に客に使用させているのは「彼女自身」ではありません。彼女の「身体」です。それは身体は売り買い自由な「私の所有物」だとこの少女が思っているからです。

この少女が売春するのは、もちろん第一には「お金」のためですが、それだけじゃない。彼女は売春を通じて「私の身体は私の所有物である」ということを宣言しようとしているのです。自分の身体に対する所有権を宣言すること、そちらのほうがむしろ主たる目的なのかもしれません。

これは主人が奴隷をほかの人に「時間貸し」しているときのメンタリティに似ています。

「この奴隷をあなたに一時間貸してあげるから、それなりの代価を払え」と彼女は言っているわけです。

「私が奴隷をあなたに貸すのは、この奴隷はもともと私のものであり、それをどう扱おうと、焼こうと煮ようと、それは一〇〇％私の自由に属するということをあなたに示すためである」

自分が奴隷を支配していて、その生殺与奪の権利を握っているということを確認し、誇示するためにこそ、彼女はあえて奴隷を「時間貸し」するわけです。

このロジックによるならば、「身体を売る」ことは、上野千鶴子が言っているとおり、たしかに少し

★02　上野千鶴子，小倉千加子『ザ・フェミニズム』，筑摩書房，2002年，231頁．

も恥ずかしいことでも卑屈なことでもありません。むしろ売春していることを誇りに思うことさえできるはずです。なぜなら、それはおのれの身体の所有権を宣言していることだからです。

ほかに売るべき情報もスキルもないし、人々から十分な敬意が得られない若い人にもなけなしのプライドはあります。でも、誰からも社会的な敬意が得られない。そういうときに、人間は「自分が支配できるもの」を探し出して、それを好き放題にいじりまわし、損なってみせることで、「自分にも支配できるものがある」ということを確認して、心理的な「浮力」を得ようとします。差別されている人間が自分よりもっとひどく差別されている人間を探し出してそれを差別するように、弱い人間が自分よりもっと弱い人間を探し出してそれを痛めつけるように、自分の身体以外に自由にできる社会的リソースを所有していない人間は、自分の身体を痛めつけることによって、人格の立て直しをはかることができます。

自分の身体を支配し、それを痛めつける人々は、言ってしまえば、それ以外に支配し、痛めつけるものを所有できない「赤貧の人々」です。

たしかに、そういうところまで少女たちを追い込んだということについては、学校や家庭やひろく社会全体の責任もあるかもしれません。でも、それだからといって、「人間はおのれの身体を自分の好きなように損なう権利がある」という主張にぼくは同意することはできません。それは、奴隷を鞭打つことでしか自分のプライドを維持することのできない赤貧の農夫に向かって、「あなたはあなたの奴隷を好きなように損なう権利がある」と告げることに同意できないのと同じことです。ある人が無権利的であることは、その人が「さらに無権利的なもの」を傷つける権利をもつことを正当化しない。ぼくはそう思います。

「私の身体」は売春なんかしたがっていません。知らない人間の性器を自分の中に受け入れるなんてことが身体にとって快適であるはずはない。そのことを快楽として経験できるのは「脳」だけです。売春を介して獲得された「貨幣」や「自己決定権」というような概念は脳にとってのみ意味があり、身体にとっては何の意味もないものです。

「自分の身体に敬意を払う」とは

私の身体は「私の道具」である。だから、好きなだけこき使っていい、身体はそのすべてのリソースを捧げて脳の欲望に奉仕すべきであるというのは、ひとつのイデオロギーです。このイデオロギーが長い歴史をもった、根の深いものであることをぼくは認めます。売春やセックスワークについての「先鋭的」な主張のなかでも、このイデオロギーが依然として支配的なイデオロギーであり続けているのも、それなりの事情があってのことでしょう。

しかし、それでも「自分の身体に敬意を払う」ことの重要性について、ぼくは注意を喚起しつづけたいと思います。

「自分の身体に敬意を払う」というのは、自分の身体がいま何をしたがっているのか、そのメッセージをていねいに「聴く」ということです。いま自分の身体はどんな姿勢をとりたがっているのか、どんなものを食べたがっているのか、どんな肌触りの衣服を着たがっているのか、どんな声で話しかけられたがっているのか、どんなふうに触れられたがっているのか……そういうことは頭で考えてもわかるはずがない。身体に聴かないとわからない。

頭が考えるのは、「ダイエットしなくちゃいけないから、カロリーの低いものを食べる」とか「脚が細く見えるから、痛いけれど我慢してハイヒールを履く」とか、そういうことだけです。たしかに理屈としてはそうだろうけれど、それを身体が「いやだ」と拒否するということはありえるはずです。そして、その異議申し立ての声はどんな場合でも十分に配慮されるべきだとぼくは思っています。

でも、脳の命令を身体が拒否するとき、ほとんどの人は脳に味方して、身体の抵抗を抑え込もうとします。おそらく子どものころからの教育で、「身体はすぐになまけたがり、楽をしたがり、反社会的な〝快楽〟に耽りたがるから、それを脳で規制し、統御し、〝仕事〟をさせなければならない」というふうに教え込まれているので、身体からのメッセージを「聴いてはいけない」というふうにむしろ信じさせられているのです。

物語が尽きるところ、身体が立ち上がる

何年か前に明石の歩道橋で大きな事件がありました。何千人かが歩道橋の上で身動きできなくなり、人が倒れて何人も死にました。そのあとで行政、警察、警備会社が責任を問いただされています。もちろんぼくは行政も警備会社もひどい仕事をしたと思うけれども、それよりむしろ、なんで「そんなところ」に行ったのかが疑問なのです。

「そんなところ」が危険な場所だということには誰だって気がつくと思います。目の前で何千人もの人がぞろぞろ歩道橋に入っていったら、そんなところに足を踏み入れることを身体がいやがらないはずはない。人間の身体は生存戦略に忠実ですから、生命身体の危険の予兆があればかならず反応します。

不快感があって当然です。「行きたくない」と足が止まる。歩みが遅くなる。危険信号が鳴って、「行かないほうがいいよ」と身体が言い出す。それにもかかわらず、じつに多くの人たちが、身体が発した危険信号を無視して行ってしまった。それはなぜか？

それは脳が「みんながいくところは安全だ」と言って、身体の信号を切ってしまったのです。「みんなが行くところは安全だ」というのは脳が考えることです。身体はそんなことを考えません。「マジョリティと行動を共にするほうが単独行動よりも生存戦略上つねに有利である」というのは近代以降、ニーチェのいう「大衆社会」の出現以降になって支配的になってきた考え方です。

いまの日本社会で起きている問題の多くはこの「大衆社会の行動コード」と「個人の身体が生存を求めて発する信号」のあいだの軋轢《あつれき》に起因しているとぼくは考えています。学校でも家庭でも会社でも、身体が何かに反応をして「これ以上ここにいてはいけない。生存するうえで危険だ」という信号を発信することがあります。みんなその信号を程度の差はあれ聴き取ってはいるんです。それに従って動く人もいるけれど、圧倒的多数はそれに従わない。そういう人たちは脳で考えている。そして、「どうしたってみんな学校に行っている社会で、ひとりだけそこから脱落するのはまずい……」。生き延びるうえでは〝みんなと同じこと〟をしているほうが有利だ」というふうに理屈で考えて、それに従ってしまうんです。

ぼくたちが遭遇する矛盾というのは、極言すれば、ほとんど同じパターンなんです。それは脳が「マジョリティに従え、ルールに従え、そのほうが長生きできるぞ」と言っているときに、自分の身体のほうは「逃げろ、ここを出ろ、生き延びろ」と言うという矛盾です。脳と身体が違うことを言う。ここでせめぎ合いがあるのですけれど、九九％の現代人は脳に従ってしまう。脳の判断に従って、身体の発する「このままでは生命にかかわるぞ」という信号を無視してしまう。

ぼくはこのせめぎ合いにもっと注意を払ったほうがいいということを申し上げているのです。脳はあまり信用できないのです。ビジネスで成功するためとか、いい成績をとるとか、そういう場合には脳のほうが役に立つでしょうが、ギリギリの生きるか死ぬかという局面で脳に頼りすぎるのは危険です。脳がつくるのは幻想、物語です。物語のなかに人間存在を丸ごとはめこむことのために脳は生きている。物語があったほうがいろいろなストレスから身を守れる。それはもちろん必要なことなのです。けれども、最後の生死の境目、つまり「物語」がもう通用しないような局面では脳の判断を信じることはできない。身体を信じる。

これがなかなかわかってもらえないのです。

「感覚遮断」が何をもたらすか

次に引用したのが、わかってもらえない例です。これはマイケル・ギルモアの『心臓を貫かれて』という、こころ痛むノンフィクションです。村上春樹が訳しています。ここに引用したのは、マイケル・ギルモアの兄ゲイリーがしゃべることばです。ゲイリーはこのあと二人の人間を殺して死刑になる。つまり、生まれてからいろいろな場面で人を傷つけ、最後は人を殺して死刑になる人間はいったいどういう「物語」を生きたかということがここに語られています。

◆生き延びるための感覚遮断

そのときゲイリーはひとつの教訓を与えてくれた。彼が僕に与えてくれた数少ない教訓のうちのひとつだ。「おまえはハードになることを覚えなくてはならない」と彼は言った、「ものごとをただ受け入れ、感覚を消すことを覚えなくてはならない。苦痛も怒りも、何も感じちゃいけない。いいか、もし誰かがおまえのことをぶちのめそうとしたら、もしそいつがおまえを押さえつけて蹴飛ばそうとしても、おまえはじっと我慢してなくちゃならないんだ。抵抗しても無駄だ。逆らうんじゃないぞ。そのまま黙って殴られて、黙って蹴飛ばされているんだ。好きなだけやらせろ。それが生き延びるためのただひとつの方法だ」★03

「生き延びるためには身体の声を聴くな」と兄のゲイリー・ギルモアは言います。そしてかれは何人もの人を殺し、傷つけ、自分自身も死んでしまう。人生のほとんどを刑務所で過ごして、そのなかでも人を傷つけ、繰り返し自分の身体も傷つける。「自傷の人」なのです。年柄年中、手首を切ったり首を吊ったり。けっきょくゲイリー・ギルモアは生き延びることに失敗する。

生き延びることに失敗した人間が語る「生き延びるための知恵」、ここに失敗の原因は集約されているとぼくは思います。

それは「感覚遮断」です。

感覚遮断をする人間は、自分を傷つけ人を傷つけるようになる。これこそが「生き延びるチャンスをいちばん少なくする方法」なのです。だから、その逆を考えればいい。だからぼくならこう言い換えます。

★03　M・ギルモア『心臓を貫かれて（上）』，村上春樹訳，文春文庫，1999年，330-331頁．

「ハードになってはいけない。ものごとをただ受け入れてはいけない。感覚を消してはいけない。苦痛や怒りを敏感に察知しなければいけない。誰かがぶちのめそうとしたら、そんなことが起きる前にその場を立ち去れ。それでも間に合わないときは、全力を尽くして抵抗しろ。けっして相手の好きにさせるな。それが生き延びるためのただひとつの方法だ」

生物は危機的な局面に際会したとき、二つの選択肢のどちらかをとります。感覚を遮断するか感覚を敏感にするか、そのどちらかです。

たとえば武道の形稽古で、こちらが握って投げようとすると、初心者はほとんど身体をがちがちに固めてしまう。恐怖心のせいで、自分自身で自分をロックして、身動きのできない状態にしてしまう。そうやって自分の身体感覚を消して、痛みを感じないようにする。歯をくいしばって嵐が去るのを待っている。

たしかに生物のなかには生存戦略としてこういう選択をするものもいます。びっくりさせられると、ころっと仮死状態になってしまう生物はいます。五〇%死ぬことによって、一〇〇%死ぬ状態を避けようとするわけです。算術的には帳尻が合いますが、人間にとっては危険な選択です。

生死の境目にきたときは、感覚を消すのはひじょうにリスキーなことです。むしろ危険な状況になったときは身体感受性を最大化すべきでしょう。自分のまわりに起きたこと、ふだんならば意識にのぼってこない微細な情報、あらゆる状況の変化に反応できるように、液状といっていいほどのやわらかい身体にして、ほとんど微笑むように、全身をリラックスさせておく。

武道とピアス
感覚を最大化するか遮断するか

少なくとも武道の稽古の目的のひとつが、危機的状況に遭遇した瞬間、自動的に「こういう身体」にスイッチを切り替えることにあるのは間違いありません。

固体になるか、液体になるか。通常の人間はかならず身体をカチカチにして、仮死状態を選ぼうとする。ゲイリー・ギルモアがそうしたように。でも、武道は、そういう戦略をけっして採用してはいけないと教えています。

なぜ武道の形稽古をするのか。真剣がすぱっと斬り込んできたときに、とっさに仮死状態になって応じたら、たしかにあまり痛みは感じないで済むかもしれません。でも、あっさり斬られて死んでしまいますよね。生きるためには、その瞬間に身体の力をふっと抜いて、身体感受性を最大化して、やわらかく身体が動くようでなければならない。そういう反射運動を身体に刷り込んでいく。何十年も繰り返しそういう反復練習をおこなって、目の前に白刃が斬り込んできたときに、無意識にスイッチが「感受性と運動能力を最大化する」という選択をするように身体に教え込む。

ぼくがタトゥーとかピアスに違和感を感じるのは、それがどんなに巧妙な施術であっても、少なくとも一瞬は身体感覚を遮断しないと経験できないことだからです。どうして痛みに耐えるという経験を身体に強いる必要があるのか。それは「自己表現」したいからです。自分のアートな感覚や大胆さや反社会性を示すための記号作用として、身体加工をしている。でも、「オレの生きざま」とか「オレのアートな感覚」とかいうものは、脳の領分の出来事でしょう?

身体はそんな理屈や看板をつけなくても、ちゃんと動いている。頭の中にどんな哲学があろうと、どんな美意識があろうと、心臓はそんなことにかかわりなく鼓動を打っているし、腸はそんなことにかかわりなしに蠕動して食物を消化している。もちろん針を打たれたり、ナイフで刻まれたりすれば、身体は必死になって痛みから逃れようとするはずです。でも、脳は身体を記号的に利用したいので、感覚を遮断してしまう。身体の感受性を限りなく下げて、「身体を黙らせる」。そうしておいて脳のために身体を利用する。

それが癖になる。どんなに貧しくても、どんなに低い身分でも、自分の身体だけは自分で支配して、統御して、それを傷つけ、いたぶり、苛むことができる。誰からも尊敬されず、誰からも保護されない無防備で貧しい人間にとって、最後に残された「いくら乱暴に扱ってもいいリソース」が自分の身体なんです。感覚遮断さえしてしまえば、自分の身体はいくら傷つけても、いくら収奪しても文句を言わない。

だから、癖になるんです。そうやっていつでも自分の身体を道具に使うようになる。道具に使われる身体はつらいから、なんとかやめてくれと訴える。でも、脳はそんな悲鳴には耳を貸さない。無理やり身体を酷使する。そのうち身体がつねにどこか痛み、どこかが不調で、どこかで乾かない傷口が開いたままの状態になる。

そうなるともう感覚を敏感にするということ自体が不可能になります。感度を上げるということは、痛覚も上がるということですから。だから、傷ついた身体はほうっておけば、どんどん硬直し、仮死状態のパーツが全身に広まる。そうやってなんの痛みも、なんの快感も感じない身体ができあがる。

これは危険なことです。身体的に鈍感な人間は、社会的にも鈍感になってしまうからです。当たり前のことに聞こえるかもしれませんが、社会的に鈍感になるというのは、人間としては致命的なことです。

「感度を上げる」ことを拒む場所

みなさんも経験があると思うのですが、引っ越しをしようと家捜しをしているときに、条件も合って、間取りも日当たりも家賃も手頃なんだけれど、部屋に入った瞬間に「うーん、なんか、ちょっと勘弁してほしい」と思うことがありますでしょう？　逆に多少条件とは違うけれども、部屋に足を踏み入れた瞬間に「ここならば住んでもいいか」ということもある。

ぼくはマニアックな引っ越し好きで、これまでに一九回引っ越しました。その経験で言うと、部屋探しにはコツがあるんです。不動産屋に紹介されて何もない部屋に入りますね。そのときにいろいろな想像をするんです。春になったらどんな感じだろう、夏はどうだろう、秋風が吹くころはどうか、雪が降ったらどうか……そんなことを想像してみます。「いい部屋」というのは、春風とか秋の涼しさとか冬の寒気とか、そういう想像上の感覚が身体のレベルでけっこうリアルによみがえってくる。そういうもんです。

でも、その反対に「いやな部屋」ではそういう想像ができない。何かそれよりもっと「強いもの」があって、ぼくの身体的な想像力が、その部屋にかつて住んでいた人が経験したはずの四季の微妙な変化の感覚をとらえることを妨げているんです。それが「何か」ということはわかりません。とにかくぼくの身体が「感度を上げる」ことをいやがるような何かがある。そのせいで、その部屋の「残り香」のようなものをうまく感じ取ることができない。

ぼくの知り合いで、かなり長い期間、精神状態が悪い人がいます。その人の家に行ったときに、「いやな家」だなと思いました。間取りも日当たりもいい、ちゃんとしたマンションで、部屋もきちんと片づいている。でも、なんだか気分が悪い。長くいたくない。でもその人はそこにずっと暮らしている。土地がもっている瘴気《しょうき》って、ほんとうにあるんです。いやな感じ。土地がもっているかすかな毒のようなものです。

そういうことを言うと「オカルト」だって怒る人がいます。学者のくせにそういう非科学的なことを言うなって。でも、そういう人だって「元気になってね」とか「陰気なやつだ」とか「狂気を感じる」とかいうことは言うでしょう。だったら、「元気」とか「陰気」とか「狂気」ってなんですか？ それだって科学的に定量できるものじゃないでしょう？ 「ほら、これが『元気』だ」って手にもって見せることのできるものじゃありませんね。でも、そういうものをその人だって「感じる」から、ことばにしているわけです。だから、当然「瘴気」も「邪気」も感じることのできる人は感じる。むかしの人はそういうものをきちんと感じ取ったからこそ、そういうことばがある。ぼくはそう思っています。

その逆もあります。ぼくの住んでいる芦屋はいい町ですよ。なんで芦屋がいいかというと古墳があるから。

いまから千何百年前はもちろんこのあたりは全部空き地なわけです。どこに住んでもいい。でも、とくにここに住みたいという人が何人もいて、集落ができたわけですよね。縄文人や弥生人は、電気もないし、道路も舗装していないし、野獣だっていたところで暮らしていたわけですから、当然、現代人より圧倒的に身体感受性がいいはずです。その身体感受性の高い古代人が「気」のいい土地を選んでそこに住むのは当たり前のことです。

　好きなところを歩いていいと言われると、動物も人間もかならず一本の道を歩く。だから「けものみち」だってできるわけです。もっと短いショートカットができて、動物も人間もねらい澄ましたように、くねくねとした一本のルートをたどっていく。そうやって道ができるわけです。そこを歩くとほかのところを歩くより気持ちがいいから、そこを歩く。道というのはすごく気の流れがいいところです。だから、古墳や貝塚があるのが「いい土地」なのは当たり前なんです。

　その近くには何千年も前から人が住んでいたのに、そこは誰も住んでいなくて、最近になって宅地造成されたようなところは、チャンスがあったにもかかわらず、それまで誰も住まなかったということの理由を少し考えたほうがいいです。居住条件が整っていたのに、それまで住む人がいなかった土地は、たいていの場合、それなりの理由があるものです。

なぜ「話の通じない人」になるのか

　ぼくが行ったその人のマンションはわずかな瘴気を発している土地にあったんだと思います。もちろん耐えられないほどではないけれど、こちらが身体感受性を高めようとすると、ややきついものがある。

　それはさっき話した「いやな部屋」と同じです。身体のほうが感度を上げることをいやがっている。どんなに鈍感な人でも、「感度を上げたくない」ということだけはちゃんと感じているんです。「鈍感である」というのは「鈍感になる」という決意の結果ですから。それはある種の生物が危険を感じて仮死状態になるのと同じです。「危険を感じる」ことがなければ、狸だって狸寝入りなんかしやしません。それは本人も感じているんです。

非言語的コミュニケーションの感度は、自分で落とそうと思えば落とせます。自分でつらいこと、悲しいことを感じないようにすれば、できます。身体を固くして不愉快なことをゲイリー・ギルモアのように耐え忍んでも生き延びようと思う人間は、身体感受性がどんどん下がっていく。本人はそれで苦難をやり過ごしているつもりでしょうけれども、実際には他人から送られてくる身体記号、非言語的なメッセージを、ほとんどシステマティックに誤読したり読み落としたりするようになる。

人間は口ばかりでコミュニケーションしているわけではありません。かすかな気配をお互いに感じ合っている。敵意をもっている人と愛情をもっている人では、わずかな身振りやまなざしや音調や触れ方が違います。そういうふうに非言語的な仕方で伝えられていくメッセージがあるんです。

でも、なかには、そういう非言語的メッセージをうまく聞き取れない人がいます。皮肉を言ってもわからない、冗談を言ってもわからない人がいる。あるいは、人が優しい気持ちを込めて言ったことばと、冷たい感情で言ったことばの、その違いがわからない人がいる。

そういうふうにして、メッセージをうまく読めない人は社会的なネットワークのなかでしだいに疎外されていくわけです。仕事をやってもうまくいかない。友達もできない。でも、本人にはその理由がよくわからない。「わたしはちゃんとやっている。すごく我慢して、いろいろなつらいことに耐えている」と思っている。そうやって、耐えれば耐えるほど、ますますコミュニケーションの感度が下がって、ますます「話の通じない人」になって、社会の周縁に追いやられていく。

これは、最初のところで「ボタンのかけ違え」があったのです。耐えるべきではなかった。「いやな感じ」がしたときに、「いやな感じがするところ」から逃げ出すことをせず、「不快に耐える」という道を選択したせいで、身体感度を下げてしまったのが致命的な失敗なんです。いったんその方向に進むと、気の毒ですけれど、あとは滅びるのを待つだけです。

でも、そのことの危険性を誰もアナウンスしない。とくに学校教育で問題になっていることを佐藤学さんはこんなふうに指摘しています。

> ◆聴く能力
>
> いまでも、活発に意見をいうとか、発言するための指導はいっぱいしてます。でも、たとえば、幼少期や思春期にシャイであること――恥ずかしがり屋だったり、おとなしかったりという性質は、大切にしたほうがいいと思いますね。[…]現代という社会は、意見をつねに求めているけれど、その手前にある「聞く」という行為がつくりだす、もっと多彩な目に見えない絆、あるいは目に見えない確執を消してしまっている。そのための装置として、メディアやマスコミが働いていますね。★04

これも読んだときにほんとにそうだなと思いました。「シャイであること」を今はほとんど誰もほ

シャイであれ 学校で教えてくれないこと❶

★04 佐藤学『身体のダイアローグ』，太郎次郎社，2002年，91-92頁.

めない。シャイな人に対して「もっと積極的になれ」と要求はするけれども、図々しい人間に向かって「もっとシャイになったら」とは言わない。

そもそもシャイネスが人間的に美質であると考える習慣がもうありません。うまくことばが出なくておずおずして、恥ずかしがる。自分の意見を言う前に、とりあえず人の話を聞く。そして、つい相手の意見に同調してしまう。そんな人たちは現代の社会では「自己決定できない人間」ということになって低い評価しか受けられない。

だから、こういうシャイな子どもを、自己表現できて、自己決定できて、ずばずば自分の意見を言える人間に改造しようと教育をしているわけです。「自分の意見を言いなさい。自分のマナーでやりなさい。好きなことを自分の好きな方法で表現しなさい。それが自由であり、人間の権利です」と。

でも、これは間違っていますよ。

自分の「本性」とか「自由」とか「欲望」とかいうものは、全部、脳ですから。脳はどこかから「物語」をもってきて、それをただ出力しているだけです。子どもを見ればわかります。「自由な意見を言ってごらん」というと、うんざりするほど定型的なことしか言わない。

大学一年生に好きなテーマでレポートを書かせると、驚くほど型にはまっています。本人は自由気ままに書いていると思っているけれど、そのときの「自由気まま」のあり方が、こわいほどみんな同じなんです。自分たちにとって「自由な話法」というのは、その世代だけに共有されている型で、いわばそう語ることを無意識に強制されているわけだけれど、本人はそのことに気づいていない。でも本人が気づいていないことに身体が気づくということはあるんです。

シャイな人でも、頭の中ではちゃんと言うべきフレーズができているんです。そういうできあいのストックフレーズは山のようにありますから。それをただ複写して口に出せばいい。でも、それを口に出そうとするとき、身体がそれにブレーキをかけてしまう。言おうとしたけれども、舌がうまくまわらない。それは舌が脳に抵抗しているからです。

「それは言わないほうがいい」「そのフレーズにはなんだか自分の気持ちが十分に載せられない」ということに身体が気づいて、チェックをかけているんです。すると、ことばがつまり、舌がからんだり、途中で呑み込んだり、顔が赤くなる。歯切れが悪いのは、身体が活発に働いている証拠なんです。身体が脳の暴走を止めている。

脳は貴重な臓器です。人間の文明は脳がつくっているわけですから、あまり制約すべきではありません。「暴走する」のが脳の仕事だといってもいいくらいです。でも、ある程度は制約しなくてはいけない。その脳の制約の仕方は誰も教えない。学校教育ではまったく教えてくれない。

口より身体を信じろ
学校で教えてくれないこと❷

竹内敏晴さんはいろいろなワークショップをおこなう方ですが、次の引用の場合は二人の人がペアになって、ひとりが相手に「こっちに来て」と言う。それに対して「来て」と言われたほうがどういうふうに反応したかを吟味するというワークショップです。やってみると、「来て」と言われたのに行かないことがある。「来て」と口では言われて、それに従おうとするのだけれど、身体がそれに応えることを拒否するということが起こる。それを竹内さんはこういうふうに説明しています。

◆非言語的メッセージ

結局あなたは、「ことば」では「来て」と言っているけれども、手をいっぱいに伸ばしたまま、この範囲からは入って来ないで、と「からだ」全体が言っているんじゃないか、と感じてしまう、[…] 意識と存在の分裂が現われているのだ、と言ってもいいけれども、その分裂をも含んで、根源的なのは「近づきたくない」と「からだ」が語っているということに違いない。[…] 一つ一つの身動きがこちらに伝えて来る、というよりからだからからだへ伝わって来ることに「からだを澄ませて」「聴き入る」ことが、気づきなおし続けることの出発点になるのだろう。★05

ぼくは竹内さんの「ことばに身体性、物質性がある」という考えにたいへん共感をもっているんです。ここで取り上げられた事例は「ダブル・バインド」理論の適例です。ダブル・バインドというのは、言語が語るメッセージと、非言語的メッセージが矛盾している場合、メッセージの受け手が混乱する状況を指しています。

しかし、ダブル・バインドから逃れる方法はそれほどむずかしくはないのです。もし、「来い」と「来るな」という相反するメッセージがあるとしたら、身体からのメッセージを取ればよいのです。身体が「来るな」と言っていれば、口で「来い」と言っていても、そちらは無視してよい。この人からのメッセージは「来るな」である、とスパッと解釈できればダブル・バインドは起こらない。

ここがすごく大事なところです。

実際ぼくらも日常生活で、口で言っていることと、身体が発信していることが違うことはいっぱいあります。そのときにどちらを信じるか。そのときつねに身体が発信するメッセージを優先的に配慮していれば誤読はおきない。ダブル・バインド的な状況になって精神が病むこともない。だいたいそうです。人間は口で言っていることと身体がやっていることは別なのです。そんなこと気にしなくていい。身体からのメッセージさえ聞き逃さなければ、大事には至らない。

話がまた横にずれますが、名人上手のやることというのはしばしばそうなんです。合気道九段の多田宏先生がわたしの武道の師匠なのですが、先生が「この技はこうです。こうやってやってください」と言うとき、言っていることとやっていることが違うということがあります。口での説明と実際の動きが違う。

ぼくみたいな凡庸な武道家の場合は、口で言っていることを身体では実現できないというかたちで齟《そ》齬《ご》が起きるわけですが、多田先生レベルの場合はその逆です。自分が身体的に実現できてしまうことのレベルが高すぎるので、できあいの武道用語が追いつかない。ことばが身体に遅れてしまう。ところが弟子たちはみんなことばを聞いているから、実際に先生の身体が何をしているのかを見落としてしまうということが起こります。

これは見ていてじつに興味深いことです。道場で先生が技を口で説明しているときに、説明と動きが違うことに気づいて、先生が動いた通りにやろうと思っているのはごく少数しかいないんです。ある程度できる人たちは動きとことばが違うことには気づくけれど、ことばのほうについていく。ほとんどの人はことばのとおりにやる。身体感受性を鍛える現場においてさえも、しばしばことばのほうが優位なわけです。ぼくは迷いません。言っていることとやっていることが違うときは、迷わずやっていることに従う。

★05　竹内敏晴『癒える力』，晶文社，1999年，50頁．

だけど学校教育の場ではそういうことはけっして教えてくれない。むしろ、逆ですよね。生徒と先生の関係でいえば、「先生は言っていることとやっていることが違う」という批判はいっぱいあると思う。でも、そんなこと批判しても仕方がないんです。言っていることなんてどうでもいい。聞くことはないと思う。やっていることを見る。やっていることにおいて受け入れられないものがあったら、それは学ぶに足りない。それでいいと思います。

本は身体で読め
学校で教えてくれないこと❸

学校で教えないことのもうひとつ大切なことは、脳の活動と思われているかなりの部分は身体が関与しているということです。

たとえば本を読む経験がそうです。ぼくは基本的に頭じゃなくて、身体で本を読む人間です。むかしからそう思っていたのですが、なかなかわかってもらえない。

ぼくはエマニュエル・レヴィナスという哲学者の著作を訳していますが、はじめてレヴィナスを読んだとき、あまりに難解で何を言っているのかまったくわからなかった。もう一行とて理解できない。しかし、一行も理解できないにもかかわらずここには大事なことが書いてあるということだけはわかる。だから毎日何ページかずつ読む。

まったくわからないまま二週間ぐらい読んでいくと、不思議なことに次にどういうフレーズがくるかがわかる。あるいは「この文章は否定疑問文で終わるのではないか」「そろそろ句点が打たれて文が終わるのではないか」という呼吸がわかってくる。レヴィナス先生が「ふぅー」と息つぎをする。その息つぎのタイミングがわかってくる。そのうちにだんだん息づかいがわかってきて、グッと力んでいる「聞かせどころ」がわかる。そんなふうに、声の物質性みたいなものに身体がなじんできたあとに、はじめて「意味」がわかるようになる。

読みながら「次はこんなことを言うのではないか」と思ったときに、それがピタッとはまると、「あ、やっぱり言った」と感動する。そのときにはじめてブレークスルーが起きるのです。そのときにレヴィナスの思考の回路に瞬間的に同調したわけです。理解するというのは、なによりもまず身体的に「同調する」ということだとぼくは思います。

これはなかなか理解者が少ない経験だったのですが、木田元という偉大な哲学者の文章を読んで、我が意を得たりと思いました。木田元さんが学生のときに、ハイデッカーの『存在と時間』を読んでいるときのことをこんなふうに回想しています。

> **◆身体で読む**
>
> ああいうテキストを読むときは、とにかく毎日読む。一日に三、四ページくらいずつ毎日読まなければ、なかなか片付かないですからね。そうするとだんだん文体が身についてくる。からだが文体に慣れていく。するとわかったような気になる。次に何を言うかわかる感じがするぐらいになってきます。★06

「次に何を言うかがわかる感じがする」というのがすごいですね。こういうことは経験した人でないと絶対に言えないことばです。身体で本を読む。そういう経験を、ほんとうに難解なものに取り組んだ

★06　木田元，竹内敏晴『待つしかない、か。』，春風社，2003年，43-44頁．

読み手は多かれ少なかれみんなしていると思います。どこかで、書いている人間と同じ呼吸になって、鼓動が合って、次に言うセリフが自分の口から出てくる。それが、理解するということのとっかかりだと思います。

同じことは村上春樹さんも書いています。かれは、サリンジャーの『キャッチャー・イン・ザ・ライ』の新訳を出したわけですけれど、これについてとても興味深い経験を語っています。高校生のときに、『ライ麦畑でつかまえて』を読んだときには、村上少年はあまり感動しなかった。そのまま四〇年近く一度も手に取らずにきて、今度翻訳することになって、あらためて読んでみたら自分の身体のなかに高校生のときに読んだサリンジャーが深く入っていたという話です。

◆フィジカルな読書

極端なことを言ってしまえば、小説にとって意味性というのは、多くの人が考えているほど、そんなに重要なものじゃないんじゃないかな。というか、より大事なのは、意味性と意味性がどのように有機的に呼応し合うかだと思うんです。それはたとえば音楽でいう「倍音」みたいなもので、その倍音は人間の耳には聞きとれないんだけど、何倍音までそこに込められているかということは、音楽の深さにとってものすごく大事なことなんです。[…]温泉のお湯につかっていると身体が温まりやすいのと同じで、倍音の込められている音というのは身体に長く深く残るんですよ、フィジカルに。でも、それがなぜ残るかというのをことばでもって説明するのは、ほとんど不可能に近いんです。★07

この感じはよくわかります。「温泉のお湯」というのがいいメタファーですね。ユニットバスのお風呂も四二度、温泉のお風呂も四二度。同じ温度のお湯に同じ時間浸かっても、なぜか温泉のお湯に浸かったほうが湯冷めをしない。それは温泉のお湯がフィジカルに効いているからです。意味のうえでは二つのテキストが同じ主張をしているように見えても、すぐれたテキストはそこに身を浸しているとフィジカルに身体に入ってくる。

入ってくるものは「意味」ではないですね。村上春樹さんが言うように、意味性と意味性の有機的な連関、「テキストの身体」なんです。テキストの身体にぼくの身体が反応している。読むという行為はほんとうはそこから始まる。息づかい、リズム、手触り、テキストの身体性を経由して、そのあとに意味性に到達する。すぐれたテキストはそういうことを経験させてくれる。

逆に言えば、凡庸な書物というのは身体性のない書物だということになります。たしかにメッセージはクリアカットだし、立派なことが理路整然と書いてある。でも、まったく心に残らない本というのがありますね。ひじょうにわかりやすく書いてあって、言っていることに文句はないのだけれども、読み終わったあと本を閉じて向こうをむいたら、すべてが消えてしまった。

こういう本は「身体がない」のです。書いている人間が身体で書いていない。頭で書いている。だから、ぼくも身体で読むことができない。頭で読んでしまう。頭で書かれたテキストは、書いているときに、書いている人自身が自分の身体のなかにある「何か」を切り捨てているんです。自分の身体と脳の回路をどこかでオフにして書いている。だから、クリアカットなんです。シャイじゃない。詰まったり、口ごもったり、どもったり、真っ赤になって立ち往生したり、そういうことはまったくないのだけれども、その代わり読者の身体に何も残さない。

★07　村上春樹，柴田元幸『翻訳夜話 2・サリンジャー戦記』，文春新書，2003 年，33 頁．

逆に、身体と脳の回路を開放して書いている人は、身体をテキストの中にねじ込むように書いているから、ときどき何を言っているかわからなくなる。橋本治さんがその代表です。文章はもうやたらぐちゃぐちゃぐねぐねしているんだけれども、そのあっちへ行ったりこっちへ行ったりという揺らぎそのものに、書いている橋本さん自身の身体的な必然性がある。その文体そのものが橋本さんの思考の身体なわけです。

だから読者もその揺らぎに身を任せていると、とにかくフィジカルに気持ちがいい。長い歌をいっしょに合唱して、手をつなぎながら歌っているような感じになる。なんとなく相手の身体の響きが伝わってくる。結果的にはどんな話だったのかとかストーリーはどうだったかということではなく、書き手の思考の身体と自分の身体がある時間だけ同調した、その思い出が深く残っていって、自分のなかに滋養として入っていく。いつまでも忘れられない響きが残る。そういう文章がありますよね。

◆わたしの身体は頭がいい

私は、自分の脳はあまり信用していないが、自分の身体性だけは、全面的に信用しているのである。［…］身体とは知性するものである。脳は「わからない」という不快を排除するが、身体という鈍感な知性の基盤は「わかんないもんはわかんないでしょうがないじゃん」と、平気でこれを許容してしまう。であればこそ、身体は知性を可能にするのである。★08

けだし名言。「わたしの身体は頭がいい」というフレーズはぼくの本のタイトルにも使わせてもらいました。すばらしい考え方だと思います。

コミュニケーションは意味の「外」にある

次の引用は、谷川俊太郎さんが言っている「ことばの肌ざわり」。

◆ことばの肌触り

詩というのはことばだから意味があるものだ、と思っている人が多くて、すぐに主題はなんだ、何がいいたいんだといわれるけれど、ぼくはノンセンスな詩を読むことで、ある種、それに抵抗している。ことばというのは意味だけではなくて、響きもあるし、イメージもあるし、肌ざわりもあるということを、ノンセンスな詩のほうがずっと伝えやすいんです。そういう、ことばの持っている肌ざわりの感覚を忘れて、みんな意味だけを求めすぎる。★09

村上春樹にしても、橋本治にしても、谷川俊太郎にしても、ことばのすぐれた使い手たちは、期せずして同じことを言っています。ことばには身体がある。ことばの身体と読み手の身体が響きあう、ということです。

意味性は脳のことです。脳のレベルは、テキストを読む、詩を読むときにはあまり関与してこないのです。人間と人間のことばのコミュニケーションでは、意味性はあまり問題ではない。その例として鷲田清一さんが書いた話です。末期がんの患者がひじょうに具合が悪くなってきて……

★08　橋本治『「わからない」という方法』，集英社新書，2001年，250-251頁．
★09　谷川俊太郎（佐藤前掲『身体のダイアローグ』，92頁）．

◆聴くことの力

「私はもうだめなのでしょうか？」という患者のことばに対して、あなたならどう答えますか、という問いである。これに対してつぎのような選択肢が立てられている。

(1)「そんなこと言わないで、もっと頑張りなさいよ」と励ます。
(2)「そんなこと心配しないでいいんですよ」と答える。
(3)「どうしてそんな気持ちになるの」と聞き返す。
(4)「これだけ痛みがあると、そんな気にもなるね」と同情を示す。
(5)「もうだめなんだ……とそんな気がするんですね」と返す。

結果は、［…］★10

このアンケートを医療関係者におこなったところ、医学部の学生は(1)と答えたそうです。ナースはほとんどが(3)。精神科医師は(5)と答えました。正解は(5)です。つまり意味性は関係ないのです。相手のことばが自分に届きましたよということを相手に示すいちばん効果的な方法は、同じことばを繰り返すことです。同じことばを繰り返すのは、意味性のレベルではなんの意味もないことに思われるでしょうが、じつは「あなたのメッセージがわたしに伝わりました。コンタクトが成立しました。パスが通りましたよ」ということを示すいちばんいい方法です。これはローマン・ヤコブソンのいう言語の交話的機能というものです。

コミュニケーションには、意味のあるメッセージを伝えるためのコミュニケーションとは別に、「コミュニケーションが成立している、コンタクトが成立していますよ」ということを伝えるメッセージがあります。

先ほどメッセージをどういう文脈で読むべきなのかを指示するメッセージのことを「非言語的メッセージ」と言いましたけれど、交話的メッセージはかならずしも非言語的なものには限られません。要するに、「あなたのことばはわたしに届いた」ということが相手に送り返せれば、どんなことでもいいわけです。ことばでも身振りでも。でも人間と人間が結びつくためには、「あなたのことばはわたしに届いた」というメッセージ以上に重要なものはないのです。

ヤコブソンは交話的機能の代表例として「新婚夫婦の会話」を取り上げています。これは夫が何を言ってもそれをおうむ返しにする妻の会話ですけれど、ぼくは、小津安二郎の『お早う』という映画のラストシーン、佐田啓二と久我美子の会話を思い出します。

映画を見た方は覚えていらっしゃるでしょうが、この二人は駅で延々と同じことばを繰り返すのですね。「いい天気ですね」「いい天気です」「あっ、あの雲。へんなかたちしているね」「ほんと、変なかたち」とひたすら同じことばを反復する。そのシーンで、このふたりが口には出さないけれど、深く愛し合っていることが画面からひしひしと伝わってきます。

「愛している」なんていうことばをわざわざ言う必要はない。あなたのことばはわたしに届いた。自分たちのあいだにはコンタクトが成立しているということを確認して確認していくら確認しても飽きない。それが愛し合っているという状態です。それでいいわけです。コミュニケーションをひらくコミュニケーション、あるいはコンタクトが成立していることを示すコンタクトです。

★10　鷲田清一『「聴く」ことの力』，TBSブリタニカ，1999年，10頁．

どういうことばが人に届くのか。これはたいへん重要な文学的主題で今日はとても語り切れないのですが、もうひとつ谷川俊太郎さんから引用します。谷川さんは、未熟な詩人の詩と優れた詩人の詩のあいだにどんな差があるのかを言っています。

◆〈他者〉をして語らしめる

若くてまだ未熟な人の詩にも、それと似たものを感じることがあります。つまり、ほとんど垂れ流しで自分のいいたいことをバーッと出していて、作品として成立していない。たんなる愚痴みたいに思える。そういうものは騒がしいんです。どんなに切実であっても、ある種の騒がしさをともなっています。

詩のことばが作品として成立しているかどうかは、ほとんど直感で判断するしかないんだけれど、ひとつには、そのことばが作者を離れて自立しているかどうか。そのように自立したことばというのは、書いた人間の騒がしさから離れて、たとえどんなに饒舌に書かれていても、ことば自体が静かにそこに在る。〔…〕騒がしくないことば、沈黙をどこかに秘めたことばとはどういうものかを考えたとき、それは個人に属しているものではなくて、もっと無名性のもの、集合的無意識のようなところから生まれてくるものだと、ぼくは思う。★11

谷川さんはほんとうに深い方で、この人の書いたものは何を読んでもため息が出るような洞察が含まれています。この文章にはぼくも深く共感して、うなずきながら読みました。

たとえ三秒でも騒がしいものは騒がしい。響くのは、無名性のものですね。ことばを語りあう個体と個体をともに包み込んでいる共同的な、ぼくたちみんなの下に流れているある種の大きなことばの身体です。ぼくたち全部をつないでいる「肉」です。全員の足下にあるやわらかい基盤があってぼくらは全部そこから生えている。ことばが伝わりあうということを保証している根本的なことばの基盤。それは「間主観性」という哲学用語ではちょっと覆いきれないくらい深く広いものです。

谷川さんが言っている無名性や集合的無意識というのは、ことばを語る人間、聴き取る人間のすべてを包摂しているこの「肉」のことです。だから、ある種の「強いことば」は、たんなる音声や文字記号のレベルにとどまらずに、この間主観的な「肉」の中に食い入ってきます。そしてそれを媒介にして、ことばによって結ばれた共同体全体にしみ通ってゆくことができる。ことばというのはそういうフィジカルなものなんです。ことばが持つそういう根源的な力、呪術的な力について中国文学者の白川静さんが述べていることばを最後にご紹介したいと思います。

「詩経」というのは中国の古典ですけれど、詩経には全部で六種類の詩の形態があります。ここは「賦」という形態に関して、白川さんが梅原猛さんに説明しているところです。

◆ことばの霊的な力

「賦」という文学の本質から言いますとね、「賦」というのは、例えば山の美しい姿を見て、そして山の茂み、あそこの谷の具合、あそこの森の深さ、という風にね、色々山の美しい姿を描写

★11　谷川俊太郎（佐藤前掲『身体のダイアローグ』，94頁）．

的に、数え上げるようにして歌ってゆく。これが「賦」なんです。その歌うことによってね、単に歌うのが目的ではなくて、歌うことによってその対象の持っておる内的な生命力というものを、自分と共通のものにする、自分のなかに取り入れる。

例えば、病気になったという場合にね、大河の流れの凄まじい姿だとか、海の波打つ姿だとかね、花の咲き乱れる姿だとか、こういうものを文学的に色々美しく歌い上げる。それによってその病気を治すというやり方があるんですよ。これが「賦」の文学。色んなものを歌い上げてね、歌い上げた言葉の力でそういう歌われたものと、いわば霊的に交通する力が生まれて、それがこっちの方に作用して、病気が治るというね。そういうものが本来の「賦」なんです。★12

白川さんは、ことばの根源的な機能は「呪鎮」であると言っています。ぼくたちをとりまいているさまざまな霊的なものに祝福を送り、呪いを鎮める。それがことばの本来の力である。これはレヴィ＝ストロースの言語贈与説とともに、卓越した言語観だとぼくは思います。ことばのもっている身体性、これを聞き取るためには脳は使い物にならない。ことばで病気は治る。

最近お会いした池上六朗さんという治療の達人がおられます。目の前でことばで治すのです。身体を前に曲げるのが一番、後ろに曲げるのが二番、左に倒すのが三番、右が四番、左にひねるのが五番、右が六番と全部で六つの数字があるのですが、患者さんに向かって、「右の頭に一番、胸椎に六番……ハイ治りました」で治療が終わってしまうんです。

見ていてびっくりしましたけれど、ぼくも患者で、池上先生のことばで治ってしまったわけです。池上先生から、ある種のフィジカルな力がことばを通じて伝わってくる。それは実感できます。そういうことができる方はむかしからいるわけです。

ある意味でいうと、文学者だってそうなんですよ。文学批評は文学の主題とか方法とか前衛性とかを論じていますが、そんなこと関係ないんです。ぼくたちが読んでいるのはテキストの身体なんですから。それをごりごりフィジカルに読んでいるわけです。よいテキストを読むと病気が治る。それくらいの力は文学にあります。

潜在的には詩人もミュージシャンもダンサーも哲学者も、みんなそういうフィジカルな能力をもっている。身体のもっている知的な力というか、あるいは霊的な力を発信する術をどこかで知っているんです。脳のつくりだす「物語」ではけっして届かないところまで自分の響きを届かせるようなコミュニケーションの水準というのはたしかに存在するんです。そのことをあちこちで説いて回っているわけです。共感をしてくれる方も最近はぼちぼちいますけれど、まだなかなかわかっていただけない。大学の先生なんかにはなかなか理解してもらえません。「内田さんって、ほんとにオカルトが好きだよね」と言われておしまいですから。

今日はいろいろなことをしゃべり散らして申し訳なかったのですが、ぼく自身がいちばん大切なことだと思っていることを最後にひとつだけ申し上げます。

「生き死にの境に出会ったとき、身体感受性を最小にするか最大にするか」――人生の岐路のとき、危機的なリスクがあったときにはセンサーを最大化する必要があります。なんらかのかたちで皆さんご自身のやり方でこれを工夫されることが、これから先に天寿を全うさせるうえでたいへん役に立つのではないかと思います。長生きできる話のほうがお役に立つので、これをリコメンドして終わりにします。

★12　白川静，梅原猛『呪の思想』，平凡社，2002 年，205 頁．

第2章 表現が「割れる」ということ◉身体と記号

子どもたちの言語表現の力が危機的な状況になっています。小学校の先生たちの座談会の記事を読んでいたら、「うざい」「きれた」「むかつく」「だまれ」「きえろ」「うせろ」といった攻撃的で斬り捨てるようなことばが子どもたちの自己表現のなかに深々と侵入しているそうです。「むかつく」と言う子どもに、先生が「どうしてむかつくの?」と訊くと、「むかついてるから」と同語反復するだけで話が先に進まない。状況が違い、立場が違い、おそらくその子ども自身が感じている苛立ちや怒りや不安の種類も違うはずなのに、それが言語的には分節されないで、同じ音調で「むかつく」だけが繰り返される。これは、かなり人間として危機的な徴候じゃないかと思います。今日はそんな話をします。

「気持ちの悪い」子どもたち

このあいだ、テレビをつけたら、ロンドンブーツの『ブラックメール』という番組をやっていました。ご存じですか。ダミーの女の子が男の子を誘惑して、陥落させていく過程を、ガールフレンドがモニターで見るという、かなり悪趣味な覗き番組なんです。自分のボーイフレンドが局の用意したダミーの女の子に騙されて、すっかりその気になって……というプロセスをモニターで見ていたガールフレンドは、けっきょく最初から最後まで、ただ「むかつく」しか言いませんでした。

最初はボーイフレンドの貞節に多少の期待もあったのが、だんだん不安が芽生えて、最後に怒りと失望のうちに崩れ落ちる……という、せめて三段階くらいの感情のグラデーションがあってもいいと思うんですけれど、この少女はけっきょく三〇回「むかつく」を繰り返すだけでした。その発声にはピッチの変化も響きの変化もない。表情も変わらない。ずっと同じ口調、同じ表情で延々と「むかつく」を繰り返す。期待から不安へ、絶望から怒りへ……という程度のごく簡単な情緒の変化さえ、今の子どもたちはもう表現することができなくなっているのかと思いました。

表情の変化と情緒の発達は相関しています。表情の変化そのものが、今の子どもたちは少なくなっていますね。わたしの友人に精神科医の名越康文先生という方がおられるのですけれど、その名越先生が、NHK教育テレビの『真剣10代しゃべり場』というトーク番組を例にあげてそうおっしゃっていました。ご存じの人も多いと思いますが、これは、十代の少年少女が出てきて、それぞれ自分の意見を滔々《とうとう》と開陳している、なかなかに教育的なディベート番組です。

でも、そこに出てきてしゃべる子たちの表情がなんだか不気味なんですね。言っていることはわりとまっとうだし、相手のことばに静かに耳を傾ける節度もあるし、なかなかフレンドリーなコミュニケーションが成立しているように見えるんです。

……でも、気持ちが悪い。番組に出ているまじめな少年少女に対してすごく失礼なことを言っているのはわかっているんですけれども、でも「気持ちが悪い」という生理的な感覚はどうにも否定できない。その印象は名越先生もまるで同じで、その理由は子どもたちに表情がないからだと名越先生が教えてくれました。

表情に変化がないというのは統合失調症の初期症状だそうです。名越先生に言わせると、今から二〇年前の診断基準を適応すると『しゃべり場』に出てくる子どもたちはほぼ全員が統合失調症の初期症状として診断されるそうです。

一昔前なら統合失調症の初期症状と診断されるほど病んでいる子どもたちがテレビに出ていても、そのことに違和感を抱く人があまりいない。それだけ世の中にそういう子どもが増えたということですね。

原理的に言えば、人間の精神に客観的な「異常」や「健常」があるわけではない。そのつどのマジョリティの平均値がとりあえず「正常」で、そこから逸脱していれば「異常」とされるわけです。みんなが偶像を拝んでいる社会では、無神論者が精神異常として遇され、無神論者ばかりの社会では、信仰をもつ人が異常者扱いされる。そういうものです。

だから、この話は二〇年前なら「病気」と診断された人間が今は「正常」に繰り込まれたという、どちらかというと「ポリティカリーにコレクト」な事態にすぎないのですが、そのことが異様だと感じられないほどに「無表情な人たち」がぼくたちの周囲に増えているということは否定しがたい事実だと思います。

思春期とは口ごもる時期である

『しゃべり場』を見ていて、ぼくが気になったのは、この子どもたちに、「ためらい」「言いよどみ」「つかえ」というような言語の機能不全がほとんど見られないことです。すごくなめらかにことばが出てくる。ディレクターにあらかじめ台本を与えられていて、それを暗記してるんじゃないかと思わせるほど、鮮やかに平板なんです。

みなさんが一三〜一五歳ごろのとき、自分がどんなふうにしゃべっていたか思い出してください。あんなふうになめらかに語っていましたか。違うと思いますよ。だって、思春期の少年少女って、本質的に「うまくことばが出ない」ものですから。思春期の特徴って、「シャイ」ということです。思春期のころって、べつにそれほど利己主義的であったわけでもないし、無節操に欲望の実現のために突っ走っていたわけでもない。「何がなんでも自分の好きなことをやり通したい」と主張してもいなかった。そんなにきっぱりしていなかった。だって、正直言って、自分が何をしたいのかわからないから。

自分の感情をうまくことばにできない。自分自身の欲望の輪郭がつかめない。身体ひとつとっても、それをどう動かしていいのかわからない。だから「身の置き所がない」。ことばも使えない、身体も動かせない……というのが思春期の実感だったと思うんですね。

何か思いをことばにしようとしても、「言ったことば」とそのことばを発語させた「思い」のあいだにつねに齟齬がある。ことばが多すぎるか言い足りないかして、いつも自分自身の言ったことに対して、自分自身で違和感を覚える。口にしたことばが自分に敵対しているような疎外感さえ感じることがある。鏡に映っている自分を見ても、「これは誰なんだ？」というような距離感を覚えて、それが自分であるということが認められない。

だから、「わたしはほんとうはこれがしたい」とか「わたしはほんとうはこう思う」というようなことがすらすら言えるはずがないんです。「言いたいけれど、言えない」というのが思春期の言語活動の「ふつう」なんですから。自分の思いを伝えようとしても、ためらったり、言いよどんだり、口ごもったりして、どうしてもなめらかにことばが出ない。「若い」というのは、そういう状態のことじゃないかと思います。
誤解している人が多いのですが、本来「若い」というのは、「口ごもる」ことなんです。『三四郎』や『こゝろ』でも、青年はうまく思いがことばにならなくて苦しむものと相場が決まっているんです。

大人でも若者でもない、それは……

自分の顔を鏡で見て、「これはたしかにオレだ。変な顔だな。しゃべっていることばにもなんか違和感があるなあ。でもまあ、これくらいは自己同一性の許容範囲内か」というようなクールな自己診断ができるようになって、はじめて「大人」です。逆説的なことですけれども、自分がしゃべっていることばに違和感は覚えるけれど、違和感のあることばの責任をそれでも取れるというのが「大人」です。

それに対して、どうしても「ほんとうの思い」をうまくことばにできなく、何を言っても何をしても「こんなのは自分らしくない」という苛立ちだけが残り、それゆえ口にしたことばの責任を取りきれないので、前言を撤回し、語尾を濁らせ……というのが「若さ」の徴候です。

そう考えると、立て板に水を流すように「自分の意見」を語る子どもたちというのは、「若い」という条件には当てはまらない。でも、「大人」じゃない。「大人」だったら、ぼくだってわかります。言ってることが「気持ちが悪い」というようなことは「大人」に対しては起こらない。「大人」が語ることばは、すっと気持ちに入ってきて、すとんと肚《はら》に落ちます。じゃあ、いったい、あの子たち何なんだろう。「若者」でもないし、「大人」でもないし。

今の日本は「若者文化」の社会だと言われています。だから、みんな「若づくり」をしたがる。でも、たとえば、中年の「おじさん」が「若者」の真似をするときに、どういう仕草をしますか。それまで偉そうにあれこれ断言していたおじさんが急に「ええっと、どうなんだろうね。ぼくわからない……うまくことばにならないんだ……」と頬を赤らめて口ごもる、というふうになるでしょうか。

まさかね、そんなことには絶対になりません。

どうなるかというと、「若者」のふりをする「おじさん」は、「言い出したら、きかない」ようになるんですね、これが。いきなり頑固になる。ばりばり断言する。人の話にまるで耳を貸さない。あくまで自己中心的になる。欲望のおもむくままにふるまう。そういうのが「若さ」だと思っているから。

もちろんこんなのは「ほんとうの思春期」の姿ではありません。だって、思春期の子どもというのは、エゴイスティックになりたくても、そもそも自分の「エゴ」がどんなもので、それが何を欲望しているのかさえよくわからない、というひよわな存在なんですから。できるものなら「断言」したい、でも何を「断言」していいかわからない。できれば「傍若無人」になりたい、でも、他人の視線が気になって仕方がない……それが「若さ」というものです。

ですから、「若づくり」のおじさんが「若者」になったつもりで演じているのは「若者」ではないのです。じゃあ何かというと、これは名越先生の診断なんですけれど、あれは「思春期以前」にまで退行してしまった姿なんです。つまり、「若者文化」が隆盛を極め、「若い」ということの価値がかつてなく高騰しているわたしたちのこの社会で、人びとが「若さ」だと信じているものはじつは「幼さ」なんです。人びとは「若返っている」のではなく、「幼児退行」しているのです。

幼児と若者はどこが違うか

幼児と若者を切り分ける境界線は、べつに第二次性徴とか、そういう生理的なものにはとどまりません。いちばんきわだった特徴は「幼児では未発達であった情緒が豊かになってくること」です。それが赤ん坊から青年への移行が果たされつつあることの最大の徴候です。

情緒が発達してくると、まず表情が豊かになってくる。曖昧な表情が出てくる。「いわく言いがたい表情」というものをつくれるようになる。幼児は喜怒哀楽の単純な感情表現しかないけれど、思春期の少年少女はそれらが混在した、なんとも複雑な表情をしだいに身につけていきます。

語りかける相手一人ひとりに対して、ちょっとずつ表情や発声法や身体の構えを変えるという技術も身についてくる。たとえば、父親に話しかける場合と母親に話しかける場合では、顔つきも声質も違う。仲のいい友達に対するときと、それほどでもない友達に対するときでは、「おはよう」という挨拶ひとつにしても別種の感情を込めて言えるようになる。自分と相手のあいだの親しさ疎さの距離感、あるいは立場の違い、利害関係の違いなどによって、表情や声の質、身体の使い方が細かく違ってくる。お辞儀ひとつにしても角度が微妙に変わる。

そういうことができるようになるというか、「そういうこと」ばかりが最大の関心事にせり上がってくる、というのが思春期なんです。だからこそ、鏡に映った自分の顔を見て、「これがほんとうにわたしなのか……」というような、四、五歳のころだったら、絶対に想像もできなかったようなアイデンティティにかかわる不安な問いを発したりすることにもなるわけです。

敬語とはことばを「割る」こと

そんなふうに情緒が成熟してくると、身体表現が多様化し、「割れ方」がだんだん細かくなっていきます。表情、発声、身体操作といったフィジカルな変化に加えて、マナーや語彙や服装や趣味嗜好についても、だんだん細かい差別化にこだわりが出てきます。

たとえば敬語というものがありますね。あれは相手におもねって気に入られようとしているわけではありません。「敬」ということばの本来の意味は、「危険な物から身をそらす」ということです。「鬼神は敬してこれを遠ざく」と『論語』にあるとおり、鬼とか神様のような力があって、その力をどう使うか予測しがたいものには、軽々に近寄らず、少し距離をとったほうがいいということを教えているのです。

ですから「敬語を使う」というのは、社会訓練の基本です。子どもは社会的な立場が弱い。地位も、権力も、金も、情報も、何もないんだから、まず自分を守る術を学ばなければいけない。子どもにとって、まわりは全部「こわいもの」だらけです。まわりの人間が、自分をどんなふうに傷つけたり、損なったりするか予測がつかない。子どもにとって大人たちというのは「鬼神のたぐい」なのです。だから敬語を使う。危険なものから身をそらして距離をおく。これは生き延びるための当然の生存戦略なのです。

数年前、年末にテレビで『忠臣蔵』をやっていました。木村拓哉くんが堀部安兵衛の役をやったやつです。覚えておられるでしょうか。誰が台本を書いたのか知りませんが、ぼくがびっくりしたのは、木村くんが「タメ口」をきくんですね。大石内蔵助に向かって、「大石さん、あんたの言ってること、おかしいよ」とか(笑)。こんなの、即切腹ですよ。

脚本を書いている人はふざけてやっているのではないと思います。あるいは現代の「若者文化」に対する連帯のアピールのつもりで「目上の人にでも、魂をこめて会話をすれば通じるよ」と言っているのかもしれない。けれども、その考え方そのもののイデオロギー性は問われていません。

堀部安兵衛が大石内蔵助や浅野内匠頭のような目上の人間に口をきく場合と、同輩たちに口をきく場合とでは、作法も語法も発声も違うに決まっている。侍なんだから。その時どきの相手と自分の身分差にしたがって、服装も距離もお辞儀の仕方も手を置く位置まで決まっている。そういうかたちで、身体操作を社会的な記号として機能させる技術をむかしの武士はきちんと身につけていた。というか、相手により、立場により、状況により、ことばづかいも礼法も服装もすべて「切り替える」というデリケートな身体操作の訓練そのものが武術的な身体運用の訓練に通じていたはずです。

前に「身体を割る」ということをお話ししましたし、「動作の単位を細分化することで、先《せん》を取る」という武術の時間操作技法についてもお話ししました。生活の常住坐臥《じょうじゅうざが》が即修業であるというのが武士のたしなみですから、誰が相手でも「タメ口」というような愚かな言語運用を武士がするはずがない。まして、相手は封建社会での上司です。力も情報も自分以上にもっていて、自分を傷つける可能性のある者には適正な距離をとる……木村安兵衛だって、大石内蔵助には敬語を使っておかないと、討ち入りに参加するより先に「無礼者！」で切腹しなくちゃいけない。

しかし今では時代考証を無視しても、「敬語を使わないほうが人間としてピュアな生き方だ、さあ、みんなピュアに生きるためにタメ口をきこうじゃないか」というような気持ちの悪いイデオロギーが蔓延しつつあります。「ピュア」といえば聞こえはいいですけれど、言い換えれば「シンプル」ということですね。「単純」。ひとつの道具で全部の用事を済ませようというまことに「手抜き」な生き方が勧奨されている。マスメディアの全体がほとんど大政翼賛会的な仕方でこの「単純化」路線を呼号している。

「定型」という退行オプションに逃げ込む人たち

でも、これを「ことばづかいに鈍感になった」というふうにひとくくりに決めつけるのは危険だと思います。だって、「ことばづかいに敏感になる」ということが思春期の「自然」なのですから。「敏感になりたい」時期にあえて「鈍感になる」というのは、努力しなければ、できることではない。「誰に対しても同一のことばづかいをする」というのはまだことばを十分に習得していない幼児の特徴です。ということは、ある時期まで親や先生や友達のあいだでことばの発し方を変えていた子どもたちが、思春期のある段階で、そのヴァリエーションを豊かにする方向から、言語運用のヴァリエーションが貧困化する方向へ、つまり意図的に幼児退行にシフトしたということをこれは意味しています。

中学校の先生が去年一年ぼくの大学院のゼミに聴講生として来られていたので、現場の話を何度かうかがう機会がありました。そのとき聞いて印象に残ったのは、子どもががらりと変化するのが中学二年の夏休みだという話です。夏休み前まではなんだかおどおどして、はっきりしない子どもだったのが、夏が終わると、髪の毛を茶髪に染めて、うんこずわりをして、昇降口で教師をにらみつけて「うぜーんだよ」と追い払う……というふうに変貌してしまう。

ぼくがこの劇的な変化に感動するのは、この「九月デビュー」の不良中学生たちが、それまでの「ロごもり」状態から、一気に「定型」にはまりこむことで思春期の心理的危機を回避したということです。

たぶん、こういう子どもたちも、自分の「内面」と自分のことばや姿かたちとのあいだには齟齬があるはずなんです。でもその「ずれ」をなんとか調整しながらアイデンティティをゆるゆると構築していくという時間と手間のかかるプロセスに耐えきれず、できあいの「型」にはすっぽり収まることで、精神の安定を得ようとした。

でも、一人ひとりの中学生が、感じている違和感や不満や不安は、そんな簡単にできあいの「型」にはめられるものじゃない。茶髪にしたくらいでぴったりした表現形態に出会いました、というほどステレオタイプなものであるはずがない。不良Aくんと不良Bくんでは、もともと家庭環境も学校での立ち位置も言語能力も身体感受性も趣味嗜好も違うはずです。それをぜんぶ「ちゃら」にして、レディメイドの「不良型」にすっぽり収まれるはずがない。

かれらはけっきょくそういう「できあいの型に収まる」ことで、誰によっても本来は追体験できないし、代替することもできない彼ら一人ひとりに固有の「内面と外面の齟齬」を調整するというしんどい仕事から逃げ出してしまう。そして、本人は、レディメイドの「不良少年の型」にすっぽりはまることで、自分は「自分らしさ」を達成したという幸福な幻想のうちに眠り込んでいる。いわば、思春期の個性を捨て値で売り払うことによって、アイデンティティのある種の安定感を買い取るわけです。

幼児が幼児を再生産する時代

でも、これがじつは深刻な社会的影響をもたらしていると思います。というのは、そういうふうに思春期を「退行」オプションでまがりなりにも通過してしまった人間は、そのあといくら年齢を加えていっても、もう二度と「シャイ」になることも、「複雑」になることもできないからです。なりたくても、もうできない。

「立て板に水を流すように、ぺらぺらしゃべる」言語能力はいつでも後天的に学習できます（セールスマンの薄っぺらいセールストークの語調などは、一週間で身につけることができます）。けれども、「口ごもる」「言いよどむ」「ためらう」というような思春期固有の言語運用の回路は、一回壊してしまったら、もう再生がきかない。「シャイネス」なんてものは、一回なくしたら、二度と手に入れることはできないんです。でも、そのことの重大性を誰もアナウンスしない。

今の日本では、思春期をなんとかクリアして「大人」になるという道筋が採用されずに、その代わりに、前-思春期の幼児段階に退行する道を人びとが雪崩打つように歩むという集団的な「倒錯」がおこなわれているようにぼくの目には見えます。

名越先生のクリニックでは、「この子、ちょっと変なんです」と言って子どもを連れてくる母親のなかには明らかに子どもよりはるかに精神に異常を来している人がいるそうです。でも、本人は気づいていない。「狂い過ぎていると発症しないことがある」と名越先生はおっしゃってました。

そういう母親は結婚して、子どもがいて、年齢もいい年で、容貌はもうすっかりおばさんですから、外形的には「大人」に見える。けれども、心理的には思春期を通過していないから、内面は幼児なんです。思春期に正面から向き合わないで、貴重なる「口ごもる」時期を、できあいの「ヤンキー」とか「ゴスロリ少女」とかそういうステレオタイプを演じることでやり過ごしてしまった人は、そのあと仕事をしようと、結婚しようと、出産しようと、本質的には幼児のままでいるほかない。

外見は「おばさん」で中身は幼児という親に育てられた子どもが、無傷で思春期を通過できるわけがありません。シンプルで平板で、それゆえ強固なアイデンティティをもっている親の支配下にある子どもたちが、その影響をはねのけて思春期の精神的身体的危機をクリアすることはおそらく絶望的に困難です。

バカははっきり言いたがる

全社会的な規模で起きているこの幼児化は、「教養の崩壊」というもうひとつの徴候と根本的なところでつながっているように思います。教養の価値がここまで暴落したのは近代以降はじめてのことではないでしょうか。それは端的には「教養」と「雑学」の取り違えというかたちで現象しているように思います。

今テレビの影響で、トリヴィアクイズの本が売れているようですが、トリヴィアクイズの答えを一万覚えても、それは教養とはなんの関係もありません。

教養とは、端的に言えば、ある事実を、いくつかの異なる側面から眺めてみることができるということです。あるいは、ある事実を、それとは無関係に見えるような別の事実との「関係性」のうちに置き直す力と言い換えることもできます。

トリヴィア的雑学というのは、相互に無関係な情報がランダムに散乱している状態のことです。大量のジャンク情報がおもちゃ箱の中に放り込んであるような状態です。いくらでも収納する量は増やすことができる。でも、いくら容量を増やしても、それはただの巨大化した「おもちゃ箱」というにすぎません。

教養というのは、そういうものではありません。それは「あふれ出る」ものです。収まりがつかずコントロールがきかず、自分自身の知的なフレームワークそのものを壊してしまうような「外へ」という根源的な外部志向性のことです。

雑学はいくらあっても「邪魔」になんかなりません。それは自分がすでに知っていることを水平方向に拡大しただけのものですから、自分の政治的信念にも信仰にも美意識にも道徳観にも決して抵触しない。雑学は全部ただひとつの「おもちゃ箱」に収まります。

教養はそれとは違います。教養はあればあるほど収拾がつかなくなるものです。というのは、教養は自分自身知のシステムの絶えざる「書き換え」「ヴァージョンアップ」を要求してくるからです。それはつねに限界をはみ出ようとします。たえず未知の領域に入り込んでいこうとします。教養は人間が静かに自足することを許してくれません。「教養が邪魔をする」というのはほんとうなんです。

何が言いたいかというと、もちろん、日本人は教養がなくなったということです。というか教養の社会的機能を否定するイデオロギーがいまや支配的になっているということです。

それは「シンプルなことは、いいことだ」というイデオロギーです。単純で、うすっぺらで、平板で、つるつるぴかぴかした、構成要素ができる限り少ないものが価値のあるものとされています。それは政治の世界からメディアの世界まで、すべてに通じています。「話を簡単にしたがること」「白黒はっきりさせること」になんだか国中が熱狂しているようです。「話を簡単にする」というのは、要するに「できるだけ少ない語彙」でセンテンスを「言い切る」ということです。

このあいだ、うちのゼミの学生が東京に就職活動に行ってきて、帰ってから「東京の人はすごく変わったことばづかいをする」という驚きの報告をしてくれました。「どんなの?」と聞いたら、「東京の学生は、こっちが何かおもしろいことを言うと表情を変えずに〝超うける〟と言うんです。何を言っても低い声で〝超うける〟。目はぜんぜん笑ってないのに」

それともうひとつ、関西文化圏にもじわじわと浸透してきましたが、何を聞いても「ビミョー」と答える。「明日来る?」「ビミョー」「そのカレーおいしい?」「ビミョー」。そういうのが流行《はや》っているそうです。

「超うける」と「ビミョー」みたいなことばが支配的な流行語になったとたんに、それまでよく使われていた別のことばがそれによって「死語」になります。「ナウイ」「ダサイ」「ウザイ」なんていうのも、もうほぼ死語ですね。「キモイ」もほぼ死語。そんな粗雑な形容詞が消えてゆくことは惜しくもなんともないですけれど、問題なのは若い人たちがそうやって新しいことばを獲得しても、それによって語彙は少しも増えないわけですね。ひとつ流行るとひとつ消える。語彙そのものがゼロサム構造なんです。

ことばが増えると感情が割れる

人間の感情は喜怒哀楽と言います。しかし実際には、そんなにきちんとしたセグメントに分かれているわけではない。人間の感情なんて、アナログな連続体ですから、どこで「喜び」が終わって、どこから「愉しさ」が始まるかなんて、誰にも言えない。どこで「怒り」が「恨み」に転化するかなんてことに客観的な指標があるはずありません。

だから、逆に言えば、この感情のカオス的でアモルファスなかたまりにどんどん切れ目を入れて、ある感情とある感情の中間地帯に名前をつけていけば、理論的には感情は無限に割ることができるということになります。

「苦笑い」とか「嬉し泣き」とかいう、中間感情みたいなものはやろうと思ったらいくらでも切り出せます。「怒り泣き」とか「絶望の笑み」とか。原理的には感情なんて無限に切り分けられるわけです。そうやって獲得していった中間的な感情表現を、どういうタイミングで、どういう文脈で、どういう表情で、どういう発声法で示したら相手に伝わるか。そういうことは本来、思春期を経過するなかで、だんだんわかってくるはずのことなんです。

感情をあらわす語彙がひとつ増えると、表情がひとつ増え、発声法がひとつ増え、身体表現がひとつ増える……。そうやって、人間の身体は割れて、緻密化していく。

思春期というのは、とにかく感情をどんどん割っていかないと「やっていけない」時期なんです。「自分の気持ちを乗せることのできる、『もっとあいまいな表現』はないか?」というのが、思春期の言語への取り組みの基本姿勢なんですから。

だからこそ、この時期の子どもたちは必死で古典を読んだり、外国文学を読んだりするわけです。そういうテキストのなかには、ふだんの生活のなかで教師や親や友人やテレビのコメンテーターがけっして口にしないような「見たことも聞いたこともないことば」がひそんでいるから。そのなかにはけっこう「来る」ことばがあったりする。

ぼくは一五歳のときに、個人的な「単語帳」をひそかにつくって、新しいことばを見て、「あ、使えそうかな」と思うとそのノートに書き込んでいました。それはべつに衒学《げんがく》的な趣味でやっていたわけじゃない。ほんとうに「ことばに飢えていた」からです。その時期に、どれくらい真剣に感情の分節、表現の緻密化に取り組んだのかということが、その後のその人のコミュニケーション能力の発達にずいぶん関与することになるんじゃないかとぼくは思います。

使える記号がそうやって一つひとつ増えていくということは、逆から言うと、相手の微妙な表情や音調から、かなりデリケートなその心理状態についても想像が届くようになるということですね。おたがいに送受信できる身体のメッセージの種類がだんだん増えてゆく。

「情緒の豊かさ」というのは、そういうことです。分節できる感情表現の種類が多いということです。「情緒」というものは、ごくごく散文的に言ってしまえば、語彙、表情、発声、身体操作として、どれくらいの種類のものを使い分けできるかということに尽きてしまうのです。

表現が「割れる」ということ

それは一流のピアニストが指一本でポンと弾く音と、ぼくが同じようにポンと弾く音では音の厚みが違うというのといっしょです。どうして音が違うかというと、プロのピアニストはキーに触れてからキーが止まるまでの指の動きを、たとえば一〇に割って、その一つひとつの動作単位に緩急濃淡をつけることができる。ぼくにはそんなことができない。ただ、キーに触れて、それを下まで押し下げるだけで、動作単位はひとつしかない。べつにプロのピアニストが魔術を使っているわけじゃない。ひとつの動作の工程をいくつに割れるかという数量的な問題なんです。

ぼくたちが人の身体表現を見て、「厚みがある、深みがある、美的な感動を受ける」というときには、たいていはその動きの「割れ方」が緻密だからなのです。「表情豊かな音だ。感情豊かな音だ」と音楽評論家は言いますが、「誰が弾いても、ひとつの鍵盤からは同じ音しか出ない」と思っていたら、そんな批評は成立しません。キーひとつを押し下げるだけで、その音に感情や奥行きを感じさせることができるというのは、ほんとうなんです。演奏がうまいというのは、「ミスタッチをしない」というレベルにはない。どれだけの動作単位がそこに参加しているかということが音の厚みや深みを決定するのです。

ひとつの鍵を弾くときに指が五〇単位の運動をしている。次の鍵のときは三〇単位の運動をしているとする。すると、最初の音と次の音は、一音を発するときの動作単位数が違う。音の割れ方が違う。音の深浅に差が出る。だから、ドレミファソラシドと並んで弾いても、そこに三次元的な奥行きが出る。

聴衆は音の並び順を聴いているのではなく、それぞれの音の構築する深みや厚みや奥行きをちゃんと聴き取っているんです。

オーディオにうるさい人は、CDやMDとアナログのレコードでは音が違うことに気づいています。CDやMDは可聴音域の音を拾って可聴域外の音は排除する。でもアナログは耳には聞こえない音まで拾う。耳には聞こえないけれども、その響きは聴き手の身体に入ってくる。音がフィジカルにしみ込むというのは、そういうことです。

ディズニーの『ファンタジア』を学生に見せたら、学生が「酔った」という話を聞いたことがあります。

日本のアニメは予算がないから一秒間に入るセル画の数が少ない。だから動きがゴツゴツしている。ディズニー・アニメは日本のアニメの二倍のコマ数が入るから、動きがはるかになめらかになる。動きに「甘み」が出る。ところが今の子はディズニーのアニメのほうをむしろ「人工的」だと感じる。だから、見ているうちに、気持ちが悪くなる。

ぼくたちは視覚的に見たものの動きに無意識に同調しています。だから、ディズニーのアニメを見て、アニメの動きをトレースしているうちに、身体システムが混乱して酔ってしまったのだろうと思います。

今の中学生は平均一日四時間テレビ画面を見ているそうです。それだけ見ているなら、アニメやテレビゲームの動きを、人間の身体操作のモデルにしてしまっても不思議はありません。子どもの身体操作にアニメーションからの影響がないはずがない。小さいころから一秒が二四の動作単位に「割れている」ディズニー・アニメを見てきた子と、一秒が一〇単位にしか「割れていない」日本製アニメを見てきた子では、一五年間経った後に、身体操作に有意な変化が出ても、少しもおかしくないとぼくは思います。それは家庭における情操教育がどうとか、体育の授業がどうとかいうレベルの問題ではなくて、単純に身体のリアルでクールなメカニズムが、そうさせてしまうのです。

どうすれば「肩を消す」ことができるか

合気道に新しく入った人を教えるときにいちばん困るのは、ちゃんと肩を動かせないことです。

ふつうの人は「肩」というと、ソリッドなアームがビスで体幹に止められていて、そのビスを支点にして、三六〇度回転するもの、というメカニカルな器官としてイメージしています。だから手がちょうどロボットの腕のように、肩の付け根のところのジョイントを中心にくるくる回る。

べつに不器用だからそうなのではないのです。頭のなかにある「肩のビジュアル・イメージ」がそうなっている。その脳の中にある肩のイメージに合わせて、自分の身体を使ってしまうんです。頭の中の「それ」を消せといっても、簡単にはいきません。

甲野善紀《よしのり》先生がいつも言っておられることですけど、関節のヒンジ運動(ワイパー運動)は武術的にはタブーです。ヒンジ運動で腕を動かすことなら誰にでもできます。簡単だから。肘や肩を支点にしたヒンジ運動というのは、ロボット・アニメでロボットが腕を動かすときの動きそのままですね。でも、実際の人間の肩や肘の動きはそんなに単純なものじゃありません。はるかに複雑な運動をおこなって関節は動いていています。

でも、武道の初心者はこのもともと人間の関節がそうできるように進化してきたはずの運動をせずに、わざわざ不利で単純な運動をしようとする。それは、頭の中にある肘とか肩の動きの視覚イメージが、「アームがビスで体幹に固定されたメカニズム」のそれだからです。身体そのものはいろいろ複雑なことができるのに、脳がそのような単純な身体の作動イメージを強固にもってしまうと、身体のほうが動かなくなってしまう。

「肩の詰まりを消す」と口で言っても、ふつうはなかなかできません。しかし、体感的な想像力を駆使すると、できる。「赤ちゃんを抱いているつもり」と言うと、肩の詰まりがふっと消える。赤ちゃんを抱くと、ふつうは左腕の肩口のところに側頭部がきますね。ここに「詰まり」があると赤ちゃんの頭にごつごつ当たって痛いし、頭の安定が悪いですね。だから、肩のでっぱりを消します。上腕二頭筋が枕になるわけですから、ここに力こぶをつくったのでは赤ちゃんは眠れません。だから腕の筋肉の緊張を解いて、やわらかくする。胸が張っていると落ち着きが悪いですから、胸も落とす。肩の詰まりを消して、胸を落として、上腕をやわらかくする。

これは意拳《いけん》の站椿《たんとう》と似たかたちになります。ちょうど、スキューバダイビングで水に入ったときに錘《おもり》の重力と浮力が拮抗すると、水中でピタリと静止しますけれど、そういう感じだと思います。

動物にとって自分の子どもを守るのは、生存戦略上の最優先課題です。「利己的遺伝子」の立場から言えば、本人の命よりも、子どものほうが大事です。ということは、子どもを抱くときの人間の身体のかたちこそ、生物体として人間がとりうる構えのうち最強のはずです。そうですよね。いちばん衝撃に強く、まわりからどんな危険なことが起きてもすぐに反応ができる。つまり、まったく居着《いつ》いていない状態になっているはずなんです。

外側のガードは硬くて、どこにも急所がない。でも、赤ちゃんを抱いている内側は繭《まゆ》のようにやわらかい。そして、身体がどんな動きをしても、突いたり、斬ったり、かわしたりしても、この懐の内側だけはあまり大きな変化をしないで、同一の安定状態を保っている。こういう身体の型の卓越性に人類はたぶんその進化の早い段階で気がついたはずです。最初に、「子どもを守る型」が発見されて、それ以後の身体操作はすべてここからの展開形として発達したんじゃないのかなとぼくは想像しています。

站椿の稽古をしていただいたときに、韓氏意拳の光岡英稔《ひでとし》師範が、「外の時雨《しぐれ》の雨粒を聴くぐらいの敏感さであって、かつヨーイドンのピストルの電撃であるような敏感さ」と比喩されました。もっとも繊細でかつもっとも強靱。それが最高の身体のかたちですね。

視覚イメージがはっきりしている身体運用については、ぼくたちはそれをかなり近似的に再現できる。でも、体感は視覚よりもさらに強い。「赤ちゃんを抱いたときの感じを想像してごらん」と言うと、子どもを抱いたことのある人はかなり正確にそのときの体感を思い出すことができます。どんなにごつごつした硬い身体の人でも、体感がよみがえると、赤ちゃんを抱いたときの自分自身の筋肉、骨格、神経がどんな感じだったかを想像的に追体験できる。

体感的な記憶というのは、たぶん視覚イメージや聴覚の印象なんかより、それだけ深くぼくたちの身体のなかに入り込んでいるんじゃないかと思います。

記憶とは運動的なものである

記号を運動に翻訳するには、いろいろな回路があります。ひとつは、ことばによってなすべき運動を指示する「言語」的な回路、ひとつは、モデルの視覚像を運動に再現する「視覚」的回路、ひとつは、体感を再生する「体感」的回路。このなかではもちろん体感回路を使って運動を再現するというのが、いちばん本質的な身体記号の操作だろうと思います。

武道に限らず、スポーツ競技でも舞踊でも、練習方法は「やるべきことをことばで指示する」と「モデルがやってみせる」でとどまっていて、「理想的体感を想像的に追体験させる」という教え方はなかなか発達していないように思います。

甲野先生は「人間の身体は、一瞬手と手が触れただけで、相手の体軸、重心、足の位置、運動の力、速さがわかる」と言われます。一瞬のうちにわずかな面積の接点から、お互いの身体の状態について大量の情報のやりとりがなされる。さすが甲野先生はたいしたことを言うものだと思っていたら、ある研究会で「ポール・ヴァレリーの身体論」というのを聞いたら、なんと甲野先生と同じことを言っていました。ヴァレリーも、「人間は指と指がふれた瞬間に無限の情報が伝授される」と書いているのです。ただ、この後に「……という一九世紀的な迷信に囚われていたヴァレリーは」と続くんですけど(笑)。

でも、これはその説明のほうが間違っていますね。ヴァレリーと甲野先生が正しい。一九世紀から二〇世紀の初めぐらいには、運動性の記憶とか、運動性の知覚と伝達とかは、ヨーロッパではまっとうな学問として存在していた。それがなぜか一九二〇年代にあらかた消えてしまう。「記憶を司るのは頭ではなく身体である。記憶は運動的なものである」というベルクソンやヴァレリーの考え方が一掃され、もう誰も相手にしなくなるのです。

解剖学や生理学が発達するにしたがって「頭の中にあるシナプスが動いていてそれが記憶なのだ」というふうに記憶についての説明が変わる。でも、それ以前の段階では、ふつうに日々暮らしている人たちは、「指と指が触れた瞬間に、相手の身体情報が伝わるのは当たり前」ということを経験的に知っていたんです。プルーストの『失われた時を求めて』では、つまずいてよろけた瞬間にありありとむかしのことを思い出すという有名なくだりがありますね。一九世紀までは、ある構えをすると身体記憶、過去の体感が、場合によっては自分自身が経験していない他者の体感がよみがえってくるというのは「常識」だったんです。それが九〇年ほど前に、常識から登録抹消された。

ぼくの師匠の多田先生が早稲田の学生だったころ、二週間断食をされて帰ってこられて、若松町の道場で植芝先生に稽古をつけてもらったことがあります。五〇年前のその日のことを多田先生は今でも全部覚えておられる。植芝先生に投げられたときの体感をはっきり記憶しているというだけではなく、その日、朝起きて家を出て、自由が丘の駅までに行き、電車に乗って新宿駅に着いて、歩いて若松町まで行く道筋をすべて思い出すことができる。道場の畳を踏みしめる足裏の感触も、植芝先生が道場に入ってこられたときの道場の空気の変化も、投げられて宙を舞ったときの体感も、全部ありありと身体的に記憶されている。だから、それから以後の五〇年間、いつでも好きなときに、あの日、あの場所で、植芝先生の受けを取っている二〇歳のときの自分自身の体感を呼び戻すことができる。参照すべき身体運用のモデルが自分の身体のなかに、体感記憶として、運動性記憶として完全に残っているんです。

触れた瞬間に大量の身体情報が流れ込み、その体感が運動的に記憶される。その運動性の記憶は「スイッチ」を入れると、何十年経っても、その現実感のままによみがえってくる……今こんなことを言うと信じられない人のほうが多いでしょうが、わずか一〇〇年前はこちらのほうが生理学や医学の「常識」だったのです。そして、ぼく自身は経験的に、ポール・ヴァレリーの「運動性記憶」という概念のほうにリアリティを感じます。

現代の人びとの身体運用上のいちばん深刻な問題は、たんに最近の子どもは体が硬いとかひよわであるとか背骨が曲がっているとか扁平足であるとか、そういう解剖学的なレベルの問題にはとどまらなく、むしろ、身体によるコミュニケーションとか美的表現とか身体性の記憶とか、そういう根本的なところで本筋を見失っているところにあるのではないでしょうか。

「身体が記憶する」ということが今でも「常識」だったら、身体運用のあり方はずいぶん変わっていると思います。記憶は人間にとってもっとも重要なものです。記憶がきちんとしていなければ、そもそも知的活動というものだってできやしない。推論するのだって、出発点に取ったデータを繰り返し推論の過程で呼び出すということなしには不可能です。第一、最初に置いた主語がなんだか途中で忘れてしまったら、センテンスひとつ満足にはつくれません。

「脳と身体」の二元論を乗り越える

そう考えると、身体は本質的に知性的なものだということがわかるはずです。

ぼくはこれまで、どちらかというと、「知と身体」「脳と身体」という二元論の枠組みで、「身体の声を聴かなくてはいけない」ということを申し上げてきましたが、ほんとうは脳と身体の二元論というのはおかしいのですね。

知的活動の根幹にある記憶に運動が深く関与しているならば、身体と知性の活動が対立的に語られるはずはない。身体は知的であり、知性は身体的です。この二つの系はじっさいには切り分けることができないほど深く絡み合っているのです。

二元論を語ることの危険は、対立的に語ると、どうしても対立項が実体として見えてしまうことです。脳と身体を二元化すると、脳と身体がそれぞれ無関係に対立しているような絵柄が浮かんでしまいます。でも、実際にはそうではない。脳は身体の一部であり、身体は脳の活動に深くコミットしている。

村上春樹さんが『キャッチャー・イン・ザ・ライ』の翻訳を頼まれたときの話を以前しました。高校生のときに読んであまりおもしろくなかったのであまり気がすすまなかったのだが、サリンジャーの英語の原書を開いてみたら、自分のなかにサリンジャーがフィジカルに入っていたことに気がついた……という話です。

ここで不思議なのは、村上春樹さんは野崎孝訳の日本語で『ライ麦畑でつかまえて』を読んでいたはずなのに、サリンジャーの英語のテキストの発する響きが「フィジカルに」記憶されたということです。変でしょう？　日本の作家のものであれば、テキストを声に出して読めば、その作家固有のリズムや音韻がフィジカルに響き入って記憶されるということはありえます。でも、外国語からの翻訳の小説を読んで、それがフィジカルに記憶されるというのは、どういうことなんでしょう？

もし、文学作品のもたらす「響き」というものをたんなる「音」と考えていたら、そんなことありえませんね。フィジカルにしみこむものを「身体の共振」というふうに事実的にとらえてはいけないんです。

小説を読んでいると、それが身体の深層にぐいぐいと入ってくるという感覚はあります。それは作者の「息づかい」のようなものと読んでいるぼくたちが共感してしまうから起きることですけれど、ここでいう「息づかい」というのは、物理的な音声とは別物ですね。じゃあ何か、というと、うまく言えませんけれど、強いて言えば、「フィジカルな意味性」というか「意味に満たされた体感」というか、そういうものです。

「意味抜きの身体」も「身体抜きの意味」もあり得ない

だから、コミュニケーションについては、意味性とか身体性ということを別物のように軽々に扱うことができないのです。言語の意味に深く身体性がしみ込むように、身体もまた意味によって編成されています。意味抜きの身体も、身体抜きの意味も、どちらもありえない。

小説を読んでいるとき、登場人物の風貌の描写や内面心理がことこまかに書かれていても、さっぱりその人物像が浮かばない場合があります。でも、その逆に、ほとんど描写らしい描写がなくても、ただひとつの動作、ただひとつの形容詞によって、その人物の体感や息づかいや感情の起伏までがありありと現前してきて、それに同調して、まるでその人の人生をぼく自身が内側から生きているようなリアリティを感じてしまうことがあります。ベルクソンはこういう経験のことを「知的直観」と名づけていました。

◆知的直観

小説のなかの一人物の体験が私に物語られるとしてみる。作者はその人物の性格をいくらでもくわしく述べ、欲するだけしゃべらせたり働かせたりできるだろう。しかし作者の費やすいっさいの言葉も、私が一瞬間その人物自身と会合した場合に経験する、端的な、分解しえない感情と等価なものではないであろう。★01

たぶん村上春樹少年は『ライ麦畑』を読んだときに、一瞬間だけホールデン・コーフィールド少年と「会合した」のでしょう。だからこそ次のようなことばもあると思うのです。

◆フィジカルな記憶

でも、『キャッチャー』って、再読していないわりには、そして「そんなに来なかったよ」とか、しらっと言っているわりには、不思議に心に深く強く残っているんです。僕の人生を通じて、自分の中に常に『キャッチャー』という存在があった。★02

コミュニケーションというのは、言語記号に意味性や身体性や運動や記憶が深く重層的に絡みついた複雑きわまりないプロセスだとぼくは考えています。

とりとめもない話になってすみません。とりあえず、ぼくにわかるのは今のところ、ここまでです。

★01　H・ベルクソン『形而上学入門』，坂田徳男訳，〈世界の名著 53〉中央公論社，1969 年，66 頁．
★02　村上春樹，柴田元幸『翻訳夜話 2・サリンジャー戦記』，文春新書，2003 年，20 頁．

第3章 死んだ後のわたしに出会う

◉身体と時間

脳と身体という二元論的な話し方をこれまでしてきましたが、前回申し上げたように、実際はそんなに簡単なものではありません。身体は知性的だし、知性は身体的です。身体と知のあいだには、できあいの時間や空間の座標軸ではうまく説明できないような、そういうダイナミズムが働いている。それを今日はお話しします。今日のテーマは「時間」ということです。

次に何を言うか、なぜわかる?

前にも引用しましたが、木田元さんが若いときにハイデッカーの『存在と時間』を読んだときの印象をこう書いていました。

> ああいうテキストを読むときは、とにかく毎日読む。一日に三、四ページくらいずつ毎日読まなければ、なかなか片付かないですからね。そうするとだんだん文体が身についてくる。からだが文体に慣れていく。するとわかったような気になる。次に何を言うかわかる感じがするぐらいになってきます。★01

ここで大事なのは、「次に何を言うのかわかってくる」という点です。これはほんとうに、憑かれるように本を読んだことのある人にしか言えないことばだと思います。そういうことって、ほんとうにあるんです。文章を読んでいくうちに、身体が文章になじんできたり、文体のリズムに乗ってくるというようなことなら、おそらくみなさんも経験していると思うのです。それを修行のように一日数時間、それを一〇日間、二週間、三週間とやっていくと、「次に何を言うか」がわかるようになってくる。

木田さんの経験の不思議さは、『存在と時間』がよく理解できていないのに「次に何を言うかわかる感じがする」という点にあります。内容を理解しているなら「次に何を言うか」を推測することはべつにむずかしいことではありません。そうではなくて、「読んでもさっぱり意味がわからない本」について、何を言っているのかわからないにもかかわらず、「次に何を言うのかがわかる」という瞬間がくることが不思議なのです。

ぼくは翻訳をやっているから、この感覚は経験的にわかります。レヴィナスはほんとうに難解な哲学者ですから、正直にいって、何を言っているのかぼく程度の頭ではさっぱりわかりません。それでも一日に一〇行、二〇行と毎日訳していると、なにかの弾みで「この次には、否定疑問文のセンテンスがきて、こんな動詞がきて、最後はこういうかたちで着地するんじゃないかな……」ということがぼんやり予測できることがある。テキストの内容を理解していないにもかかわらず、どういうふうにその文章が終わるかがわかる。

逆流する時間

これは、変な比喩ですけれど、ダンスをする感じと似ていると思うんです。ダンスが踊れるようになるというのは、そこまでの全部のステップのパターンがわかったので、そこから推理して「次のステッ

★01　木田元，竹内敏晴『待つしかない、か。』，春風社，2003年，43-44頁．

プ」の予測がついて踊れるようになる、という仕方ではありませんね。そうじゃなくて、身体が自然に動いてしまう。頭で理解したパターンを呼び出して、それを参照しながら手足が動くんじゃなくて、身体が反応する。リズムが合ってきて、相手が次にどういうふうにステップを踏むか予測がつくようになる。踊れるというのは、そういうことです。

ぼくはこういうときも、瞬間的な「時間の逆流」がおこなわれているんじゃないかと思うんです。瞬間的にパッと未来に行って、現在に戻ってくる。そういうことがおこなわれているんじゃないか。そうじゃないと、「まだ読み終えていないセンテンスがどうやって終わるのかがわかる」という現象は説明しにくい。センテンスを読みながらそのセンテンスがどう終わるかがわかるということは、「まだ読んでいないこと」を「読み終わっている」ということですから。

テキストを読む作業というのは、シーケンシャル（継起的）に頭からしっぽに向かって文章を追っているというのとは少し違うんじゃないかと思います。しゃっくりみたいに、未来に行っては現在に戻る。あるいは過去に遡って現在に戻る、そういう時間内の往復運動みたいなことがおこなわれているんじゃないでしょうか。

過去について、そういうことが起きているということにはどなたも思い当たると思うんです。

ある本のある部分を読んでいるときに、ふとむかし読んだテキストの意味がわかる、ということがありますでしょう。「ああ、あれはこういうことだったのか、なるほど」というふうに。それまでどうしても理解できずにのどに小骨が刺さったみたいに片づかない気持ちを残していたエピソードやことばが、「ああ、そういうことか」とすとんと腑に落ちる。そういうことって、ありますよね。

この場合には、むかし読んで「理解できなかった」ことがそのままずっと残っていたということになります。ふつう、人間は「理解できたこと」だけを記憶し吸収して、「理解できなかったこと」や「咀嚼できなかったこと」は廃棄したり忘れたりしてしまうと思いがちですけれど、ほんとうはそうじゃないとぼくは思います。むしろ、逆でしょう。「理解できず、かみ砕けず、呑み込めなかったこと」こそ、むしろありありとぼくたちの身体のなかにストックされているんじゃないでしょうか。そして、ある日「ああ、あれはこれだったのか」と納得したときに、すとんと身体の中のどこかの隙間に煉瓦の断片が収まるようにカチリと収まる。

つまり、ぼくたちは生きているときに、過去の経験から「わかったこと」のリストを手にして、それを参照しながら未来に向かって身を投じていくというよりは、むしろ過去において「よくわからなかったこと」のリストを手にして、その「無知の隙間」を「ああ、なるほど」とカチカチ埋めながら生きているんじゃないでしょうか。

だとすると、「現在から未来に向かっている」という言い方はすこし平板すぎませんか。むしろ、未来に向かいながら、そのつど過去にも遡って、過去の経験の「書き換え」をしているとも言えるわけですから。

たとえば、親友とか恋人とかできると、ぼくたちは自分の過去のことを訊かれますね。「どんなふうな子ども時代だったの?」とか「どんな家族のなかで育ったの?」とか。

そういう熱心な聴き手がいると、こちらも勢いがついて、いろいろなことをしゃべり出します。そうすると、それまで十数年まるで忘れていた過去の経験がありありと思い出されるということがありますでしょう。思い出されるだけでなく、その経験がどういう意味で、自分はそのときにどう感じたのかということまで、くっきりとわかる。そして、それを話す。すると聞いている相手は「そうか、きみはそういう人だったのか」とうなずいてくれる。

過去は未来がつくる

こういうときに思い出している過去の記憶って、でも、ほんとうの過去なんでしょうか？　これはけっこう問題ですよね。

ラカンは人間は「前未来形」で過去を思い出すと言っています。「前未来形」というのはフランス語の時制で、「未来のある時点で、すでに完了した動作や状態を記述する」ものです。「明日の午後に、私はもうこの地を離れているだろう」というような文がそれに当たります。

人間は「前未来形で過去を思い出す」というのは、ある人が自分の過去について語っているとき、その回想はそれを語り終えた時点を先取りして語られているということです。つまり、人間が過去を思い出すとき、その記憶のよみがえりには、自分が「どういう人間だと思われたいか」という現在の欲望が強いバイアスをかけている、ということです。

実際にそうですよね。目の前にいる人に向かって、自分が愛情深い人間であると思ってほしかったら、子ども時代の出来事のうち、子猫を拾って育てたとか、クラスのいじめられっ子をかばってあげたとか、そういう「愛情深い人間」であることの証拠となるような記憶を選択的に思い出すはずです。タフな人間であると思ってほしければ、喧嘩に勝ったとか、そういう記憶を優先的を掘り起こす。そういうものです。

ぼくの過去の記憶は、回想を聞いている当の相手とのあいだにぼくが「これから」構築しようとしている関係に導かれて思い出される。不思議な話ですけれど、「過去」は「未来」がつくるのです。
それと同じような「前未来的」な投企はあらゆる場面で起きているんじゃないでしょうか。
たとえば、ぼくが今誰かの本のあるセンテンスを読んでいて、ふと「そのセンテンスがどう終わるかわかる」というとき、ぼくはじつはそのセンテンスをもう最後まで読み終わっている。つまり、ぼくはもう「未来」にたどりついている。そして、「現在」をあたかも「過去」であるかのように回想しているんじゃないでしょうか。

ぼくはそのとき未来に向かって「フライング」しているわけです。まだ、その時間になっていないのに、半歩だけ未来に踏み込んでしまっている。そんなふうにしてフライングで先取りされた未来から見ると、「現在」はもう「過去」になっているわけですよね。「未来から見た過去」としての「現在」。そういうものが軽くフライングすると感知されるんじゃないかと思うんです。

時間というのは、そんなふうに時たま伸縮するものじゃないでしょうか。伸びたり、縮んだり、ふいに早く進んだり、ゆっくり進んだり、前のめりになったり、遅れたり……少なくとも主観的な時間というのは、そんな仕方で流れているような気がぼくにはするのです。

たまたまぼくたちは「時計」というものを持っていますから、時間は過去から未来に向かって一方向的に流れているもので、絶対に逆行なんかしないと思っているけれども、「生きられている時間」はもっと濃淡があって、密度が違っていて、先に行ったり戻ったりしているのではないかと思うんです。

時間をずらす

なぜそう思ったのかというと、Ｋ－１の武蔵さんからこんな話を聞いたからです。

Ｋ－１の主治医をされている三宅安道先生に、武蔵さんとの会食にお招きされたことがありました。ぼくもいちおう武道家のはしくれなので、この機会に武蔵さんに聞いてみようと思うことがありました。じつはそのあとで本田秀伸さんというボクサーに同じようなことを聞いたのですが、だいたいおふたりとも似たようなことをお答えになっています。

ぼくは武蔵さんに、「Ｋ－１みたいなリアルファイトの場合、相手から強いパンチを受けたときに身体はどういう反応をするんですか？」と訊いたのです。

ぼくがやっているのは形稽古の合気道ですから、いきなりごつんと殴られて目の前がクラクラするというようなことは起こりません。だからその場合に身体がどういう反応をするのか興味があったわけです。

ふだんぼくは「危機的な場面では身体感受性を最大化して、身体をデリケートに使え。身体の感受性を高めて危機的場面を乗り越えろ」と合気道では教えています。一般論としてはそう言っているのですけれども、Ｋ－１やボクシングの場合はパンチをくらったときに、身体の感受性を高めてしまったらどうなるのかよくわからなかった。羽毛が触れても反応できるくらいに身体感度を高めているときには、当然痛覚も高まっているはずですから、きついパンチを受けたら、パニックになりはしないかと思ったのです。その矛盾を武蔵さんはどのように解決されているのですかということをお訊ねしたのです。

武蔵さんは「時間をずらして対処します」と即答しました。

時間をずらすというのは、こういうことです。相手からパンチを一発受けたときは、逆に、自分がその後のワン・ツーと二発相手の顔面にクリーンヒットしている状態を思い浮かべて、それを「現在」であると「思い込む」というのです。二発殴ってヒットして相手が倒れている瞬間を「現在」だと思えば、殴られている「今」は「過去」になりますね。そうすると、自分がどんなパンチを受けて、どこの部位にどういうダメージを受けたのかはよくわかる。けれども、それはすでに「過去の出来事」なので、もうあまりリアリティがない。それほど痛みもない。リアリティのある「現在」は、ワン・ツーが決まって相手がマットに倒れつつあるという「幻想の未来」のほうなのです。まだ起きていない未来がじつは現在であると自分自身を騙す。そういうふうに瞬間的に頭の切り替えをするのです、というのが武蔵さんのお答えでした。

この「時間を盗む」という技法を聞いたときに、多田宏先生が繰り返し教えてくださったことの意味もわかりました。

多田先生がよくおっしゃるのは、「技が完全に終わった状態の体感をクリアーにイメージしておいて、そこに身体を放り込め」ということです。時間的な比喩を使って言うと、技が終わった状態を「現在」にしておいて、いま技をかけている状態を「過去」とする。未来の状態を先取りすることで、相手を時間的に「絶対的な遅れ」のなかに取り残して。

同じ時間のなかにいるなら、たしかに速く動いた人のほうが相対的に動きは速いわけです。でも、棲んでいる時間が違うと、速い遅いということは、もう問題にはなりません。なにしろ、相手は過去にいて、自分は未来に行っているわけですから、未来にいるほうが絶対的に「早い」。「速い」んじゃなくて

「早い」。Not fast but early です。

でも、時間をたんに直線的なものだと考えて、その線路の上をわたしも相手も、いっしょに進んでいると考えると、このようなことはありえないのです。

時間を割る
「甘み」が出るとはどういうことか

多田先生も「時間というのは密度をコントロールするものである」と言っておられますけれど、時間というのは、どれだけ「速く」動くかではなく、どれだけ「細かく」それを割るかで統御されるものです。一秒をひとつの単位として動く人間と、一秒を一〇〇に分割して、一〇〇分の一秒単位で動く人間では、身体コントロールのレベルがまったく違います。一〇〇分の一秒単位で身体を割れる人間は、言い換えると一秒間に一〇〇個の動作ができるわけです。その人と一秒間に一個の動作しかできない人間を比べると、相対的な速度では一〇〇倍速いということになります。

振武館《しんぶ》の黒田鉄山先生は、素人が剣を抜くのを見ていると「そんなことしてたら、夜が明けちゃうよ」というくらいに動作が緩慢に見えるのだそうです。もちろんストップウォッチを使って客観的時間を計測すれば、素人と玄人で剣を抜く速さはどちらもコンマ何秒かで、それほどまでに違うわけじゃない。でも、素人は柄をつかんで剣を抜き出すという動作をたぶん一動作でしか構想できないのに対して、玄人は剣を抜くという一動作のなかにチェックポイントが無慮数百ある。コンマ何秒かのあいだに、その数百の動作単位をチェックしおえている人から見ると、「どっこいしょ」と剣を抜き出す人の動きはスローモーションのように見えるということだと思います。

武道的に速いというのは、実際には身体の「割り方」が細密であるということです。「速い」人というのは、時間を細かく進んでいる人のことです。

ディズニーのアニメだと動きがなめらかで、そこに「甘み」が出てくるという話を前にしました。動きに「甘みが出る」という感じは、ダンスとか能楽の一流の人の動きを見るとわかります。下手な人と国宝級の人では、おなじ振り付けなのに、動きの質が違う。何が違うかというと、一流の人は動きが「細かい」のです。

空間座標におけるA地点からB地点に身体が移動するということそのものは同じですし、所要時間も同じです。時間は同じで、運動の軌跡も同じなのだけれども、動きが違う。それは、空間を移動している途中の時間の「割り方」がこまかいからです。その結果、動きに不思議な「甘み」というか幻想的なオーラのようなものが出てきて、見ている方はそれこそ「酔って」しまうわけです。

観客席でぼくたちがたとえばバレエを見ているときでも、踊り手によってそれぞれ時間の流れが違うことがわかります。群舞でも、あるひとりの踊り手にふと目が行ってしまうのは、その人だけ他の踊り手と時間の流れ方が違うからです。うまい踊り手だと、同じひとつのステップなのに、ずいぶん長い時間が流れたような気がします。腕を水平から頭上に上げるだけの動きでも、プリマ・バレリーナがすると、ひじょうに長い時間をかけて上がっているように見える。わずかな時間にすぎないのに、その動きを見つめながらずいぶん長い時間を過ごしたような主観的な時間感覚が残ります。

美しい動きを見たときの感動は、たんにその人の筋肉や骨がやわらかいということでは言い尽くせません。違う時間の流れがそこで生じていて、自分の時間とその人の時間の流れのなかに「ずれ」があり、それが「酔い」に似た感じを与えるわけです。時間がたわむのです。

違う時間に乗っている人

合気道の創始者、植芝盛平先生が演武をされたとき、誰かが打ちかかってきたのを植芝先生がパッと払って投げた。それを見たある武道家が「合気道というものは、『後《ご》の先《せん》』を取るものですか」と聞いたことがありました。「後の先」というのは、相手の動き出しよりも遅れて起動しながら、相手が動き終わるよりも早く動きが終わるということです。よく西部劇の決闘シーンで、早撃ち自慢のガンマンが相手に向かって「お前から先に抜け」と言いますね。相手に先に仕掛けさせて、それを制する。それが「後の先」です。

植芝先生は「合気道は『先《せん》の先《せん》』です。でもみなさんは、『先の先』ということばの意味はわからないでしょうけれども」と言って、それきりそのことばは使わなかったそうです。

なぜかというと、「先の先」は植芝先生的にいうと逆説だからです。「先の先」というのは、要するに自分の切り間に相手がのこのことやってきて「切ってください」とばかりに、こちらが振り下ろす太刀の下に首を差し出すように仕掛けることですから。

「先の先」というのは、勝負ではなく、いわば一方的な「殺戮」です。だから植芝先生は合気道は「先の先」だけれど、それは教えてはいけないとされて、そのことばは合気道では封印されていると多田先生から教わったことがあります。

「先の先」で動く人間というのはおそらく相手と違う時間の流れを進んで、先の時間にいっているのです。ですから、絶対に勝つ。絶対に勝つに決まっている。「勝ったり負けたり」するものは武芸とは呼ばれない。武芸はかならず勝つ。構造的に勝つ。だんだんと上達するものは武芸ではない。ある段階に達した以上、それ以後はどんなことがあってもすべて勝つ、それが武芸の極意であるとどんな伝書にも書いてあります。腕が上がると、それに比例して「勝率が上がる」ということとは違うのです。武術においては、極意に達するということは「構造的に勝つ」ということです。

これはどういうことでしょうか。フィジカルに速く強く動くということには限界があります。ある程度まではトレーニングで強化できるでしょうが、どこかで限界に突き当たる。年齢がいけば、誰だって筋肉は落ちてきますし、関節は痛んでくるし、心肺機能だって低下する。フィジカルな能力は加齢とともに絶対的に低下します。でも、数十年修業した果てに、若いときより弱くなるということは、こと武術においてはあってはならない。武芸では、一度名人達人という境地に達したら、もう技術が衰えるということはない。ということは、この修業で鍛錬しているのがたんなる身体能力ではない、ということがわかります。

武芸の修業がめざしているのは、定量的な身体能力の向上ではなくて、むしろ時間感覚の錬磨ではないか、ぼくにはそう思われます。ですから、ひとたび「別の時間流」に乗る技法を身につけた達人は、つねに相手を「絶対的な遅れ」のうちに取り残すことができる。それをして「活殺自在」の境地というのではないでしょうか。

ぼく程度の武術的な技量でも、その感じというのは、おぼろげながらわかります。それは先ほど紹介した武蔵さんの時間差トリックをいわば逆用したものです。

技をかけつつあるときに、すでに技が終わった状態の体感をはっきりとイメージします。そして、その体感を接触点から相手の中に送り込む。すると相手がそのとおりに動く。これから起こるはずの「未来」の体感をリアルに伝えることができると、相手にとってはそれが「現在」になるからです。まだ技がかかっていないのに、もう投げられ終わった自分のほうをリアルに感知してしまう。そして、そのリアルさを基礎づけるために、こちらが設定してあげた未来に向かって、進んで身を投じてゆく。これはべつにそれほど荒唐無稽な話ではありません。

先ほど、過去の記憶の例を挙げましたが、実際に起こっていない過去の出来事をわが身に起こったこととして「回想」してしまうことはありえます。ロフタスの『抑圧された記憶の神話』で日本でもよく知られるようになりましたが、アメリカではカウンセリングの過程で、抑圧されていた幼児期の性的虐待の記憶がよみがえってきた人びとが親を訴えるという事件が次々と起こりました。有名なのは二〇年前に父親が友人をレイプして殺害した現場に居合わせながら、その記憶を抑圧していた女性が、カウンセリングの過程で、その記憶をよみがえらせ、父親が殺人罪で逮捕されたジョージ・フランクリン事件です。洗脳の専門家であるロフタスはこの事件について、カウンセラーが誘導して偽造記憶の植え付けがなされたのではないかという疑念を示しています。

過去についての偽造記憶が可能であれば、現在に偽造記憶をすべり込ませることも原理的にはできないことはありません。なにしろ、現在というのはたえず過去に繰り込まれてゆく時間流の、仮説的な定点にすぎないのですから。そこに偽りの記憶を挟み込むことはそれほどむずかしいことではありません。

武術における「先」とか「後」という概念はたんなる物理的で均質的な時間のあとさきのことではなく、相手の時間意識をこちらがコントロールしてしまうという技法ではないかとぼくは考えています。

座頭市の「チン」は何を意味するか

武道では「残心《ざんしん》」ということばをよく使います。剣でも杖でも、形が終わったあとは、かならず「残心」を示します。

残心という動作の意味について「心をとどめて、相手が起き上がったらすかさず攻撃するための気配り」という合理的な説明をする人がいますが、それはおかしいと思います。「斬ったあとで相手が起き上がって反撃してくるかもしれないから、そのあいだも切先《きっさき》をずっと相手につけておくようにしろ」というのは、じつは「斬れてない」ということですからね。あるいは「斬ったつもりだけれど、斬れていないかもしれない。よくわからない」ということだと、さらにまずいですよね。自分が何をしたのかさえわかってないんですから。

あれは斬った後に気持ちを鎮めているのだ、という説明をする人もいますけれど、これも変です。相手を斬ったあとで、いちいち気持ちを鎮めないと、胸がどきどきして心身の働きが滞るような人間が武芸者として長生きできるはずありません。ですから、そういう合理的な説明は合理的であるがゆえにかえってつじつまが合わないのです。そんななまくらな身体運用が形として伝承されるはずがない。

そう考えると、ばっさりと斬り捨てたあと、なお剣を擬してじっとしているのは、あれはいったい何をやっているのでしょう。

そのことを考えていたとき、たまたま『座頭市』のビデオを見ました。勝新太郎のシリーズです。北野武の『座頭市』がカンヌで賞をもらったというのを知って、急にオリジナルを見てみたくなって。研究室にちゃんとシリーズをそろえて置いてあるんです。で、『血笑旅』とか『兇状旅』とか次々と見ているうちに座頭市の殺陣《たて》に、ある共通項があることに気がつきました。

それは座頭市の「残心」です。まわりを取り囲んだやくざを次々に斬って、刀をチンとおさめる。そのチンという音と同時に、まわりの奴らがダダダダッと倒れていく。

これはおそらくほとんど全作品で使われている殺陣です。そして、このチンの直前だけ無音になるのです。まわりで音がしない。それまではやくざたちがわいわい騒いでいるんですけれど、このときだけ音がしなくて、チン……、そして、斬られたやくざたちがドサッと倒れると同時にまわりの自然音がまた聴こえてくる。つまり何秒間だけ無音の時間帯があるのです。

たしかに無音の時間をはさむと、そのあとの「チン」という鍔鳴《つばな》りの音が効果的であることは間違いありません。でも、すべての作品でこの同じ殺陣が踏襲されているとすると、これはたんに音響効果を狙ったものではなく、実際に名人達人が人を斬ったときの「実感」というのは「こういうもの」ではないかと、歴代のフィルムメーカーたちが想像したと考えるほうが話がおもしろい。

座頭市は達人ですから、構造的に勝つ。相手がどれだけ多くても、絶対に怪我ひとつしません(ぼくが覚えているかぎり、座頭市が斬られたのは『座頭市海を渡る』で大楠道代に右肩をざっくり斬られたときだけで、このときはあえてよけなかったからです)。ということは、座頭市は「勝ったり負けたり」する武芸者ではなく、「構造的に勝つ」ということです。活殺自在の境地に達している。ということは座頭市は、つねに相手よりも時間を先に行っているということです。

だから、かたちとしては決闘ですが、座頭市が「先の先」を取る以上、相手が何百人いようとも、これは座頭市による「虐殺」なんです。そこにいる人間たちはみんなただ「斬られるため」にそこにいる。それをほいほいと斬っていく。

こういう無敵の殺陣は荒唐無稽である、ほんとうの斬り合いはあんなもんじゃない、もっと必死でじたばたしたものだと抗議する「リアリスト」がいますけれど、それはどうでしょうか。斬り合いの体験をした人の話を読むと、「斬れる」人が斬ると、それはもう「勝負」ではなく、一方的な「殺戮」になってしまうということは事実のようです。

座頭市はたぶん「速く」動いているのではありません。そうではなくて、「違う時間の流れ」に乗って動いている。やくざたちとは違う時間のなかを動いていて、最後にみんなを斬り終わったあとで、チンという鍔鳴りの音で、座頭市が時間的に先行していた部分、すなわちみんなが「絶対的に遅れていた」ビハインドの時間の部分が「修正」されて、元の時間に戻る。そのときに、消えていた現実音が戻って、ふたたび聞こえはじめる。あの「無音」とチンは、時間のたわみとたわみの補正を殺陣的に表現したものじゃないかな、と考えたわけです。

でもこれは、それほど途方もない思弁だとは思わないんです。なんとなく、わかる。すごくうまい人の太刀の使い方を見ていると、たしかにわずかながら「無音」の部分というか、無機的な部分があるんです。ちょうど『二〇〇一年宇宙の旅』のラストシーンで老いたボーマン船長が死んでゆくホテルの部屋のように、音もしないし、温度もない、なんだかリアリティのない時間が流れる。そして、剣がカチッと鞘に納まった瞬間にまわりの「気温」や「ノイズ」がどっと戻ってくる。

つまり、あの人たちは時間を少しだけ先に行っていて、みんながついてくるまでの時間を待ってあげて、みんなが追いつくと、はじめて「一般時間」に戻る。剣を振り終わったあとに、しばらく剣を空に擬していているのは、「みんなが追いつくまで」待っているんじゃないか、そのタイムラグの補正のことを武道では「残心」と呼んでいるのではないかと思うんです。

過去に逃げる人、未来に逃げる人

「君は何を根拠にそんなデタラメなことを断言するのか」と怒り出す人もいるかもしれませんが、たしかにこんな話にべつに科学的根拠はありません。でも、こういう思いつき話は意外に「当たり」なんですよ。論理的にぐいぐい詰めていって出てきた結論ではなくて、「あ、そういえば」「あ、そういえば」と全然関係のないところからぽこぽこと例証が出てくるような理論は、けっこう「当たる」んです。

学問研究でも、ひとすじに押していくととんでもない勘違いをすることがありますけれど、ニュートンのリンゴじゃありませんが、机に向かって観念的に考えていることと、ふだんの生活で毎日見かけていることが「あ、あれとこれは同じか」というふうにつながるときは、だいたい正解なんです。

「時間は歪む。名人達人というのは未来を先取りしている。したがって構造的に勝ちつづける。これが武術の術理ではないか」というのが、ぼくのアイディアなんですけれど、たぶんそんなに大きくはポイントをはずしていないのではないかと思います。

なぜかというと、その逆を考えればいいんです。つねに「構造的に負けつづける人間」というものを想定してみるといい。つねに時間的ビハインドを負っている人とは、どういう人でしょう？　それは「トラウマをもっている人」ですね。

トラウマというのは、過去の精神的外傷です。過去に厳しい傷ついた経験をもったことで、何が起きてもつねに過去の経験に立ち返って過去のフレームワークで現在を生きる。

一点に貼り付いてしまって身動きならないこと、それを武道では「居着《いつ》き」と言います。ふつうは足の裏が床にピタッと貼り付いて身動きのできない状態という空間的な意味でしか使いませんが、ここまでの理路からすると、当然「時間的な居着き」もあってよいわけです。ある時間の一点に貼り付いてしまって、時計が先に進まない人がいたとすると、その人は「時間的に居着いている」。「あの人はあの時から時計が止まってしまったんだ」ということを実際に言いますしね。

トラウマ的な人においては時間が前に進まない。つねに過去に帰る。どういう経験が起きても、それを過去のフレームワークのなかに戻して、そこで了解していく。武蔵さんの場合は殴られたときに、二つ先のパンチを「現在」だと思って、いわば「未来に逃げる」ことで痛みを相対化する。逆に、トラウマのある人は、過去のある時点を「現在」だと思って、今の痛みを耐えやすいものとするために「過去に逃げる」ことで痛みを緩和させる。

過去に恋愛で傷ついた人は、どんな新しい人が登場しても、そこに「既知の経験」の反復をしか見ない。石原裕次郎に「古い傷跡あるからさ」という歌がありますけれど、まさに「古い傷跡」があるせいで、裕次郎さんは新しい恋の可能性を認められないわけです。かれが経験する恋はすべて「古い傷跡」をなぞるだけなんです。でも、「古い傷跡」はもうおなじみの傷跡ですから、どうすれば痛みが緩和し、どうやれば癒されるか手順がわかっている。新しいタイプの傷はノーサンキューだけれど、古い傷と同じタイプのものならオッケー。それがトラウマ的人間のパターンです。

「現在に生じた厳しい経験を、時間的にずらすことで緩和する」という技術の術理としては、どちらも同じことをしているのですが、時間的に先に行くか、後に行くかで結果には大きな差が出てきます。

ぼくらは時間のなかを自由に行き来きしている。この比喩がいいのかどうかわからないのですが、未来に行ったり過去に行ったりしながら生きている。達人といわれる人は、何かが起きて危機的な状況に遭遇した場合に、「時間を前方にずらす」という技法を使う。しかし、おそらく凡人は危機的な状況においてはしばしば「時間を過去にずらす」ことを選択するんじゃないでしょうか。

身体感受性を最低にして石のように固くなる。亀のように黙りこくり、首をちぢめて嵐が静まるのを待つ。いわば無生物に帰るわけです。フロイト的にいえば「原状」に戻る。「タナトス」ですね。いま起こりつつあることから目を背けるために、宇宙の始原の状態に、太古の時間に帰っていく。宇宙の起源にまで時間を遡るんだから、これこそトラウマの最たるものです。そういうふうに自分自身の時間を遠い過去に「ずらす」ことによって、現在を耐えやすいものにする。

時間をずらしながら、危機をやりすごす技法をたぶんぼくたちはそれと気づかずに、ふだんから使っている。ただ、そのときにどっちにステップを踏むのか。未来に踏み込むのか、過去にステップバックをするのか。ここのところに、人間の運命を分ける大きな違いがあるように思います。

止まった時間を動かす フロイト

そこでフロイトの話になります。どうしてぼくは精神分析にこんなに興味があるのか、自分でもよくわかりません。でも、むかしから興味がある。レヴィナスの哲学と、武道と、フロイトの精神分析にはずっと興味がありました。同じ内田という人間がひとつの身体を使って生きているのに、あれこれと違うものに興味がわくはずはない。ですから、精神分析とレヴィナス哲学と武道の修業は、ぼくにとって

「よりよく生きるための技法」として、ひとつのものとして受け止められているんじゃないかと思うんです。

机に向かってこりこりと本を読んだり論文を書いたりして、夕方になるとぱたりとペンを置いて、立ち上がって合気道の稽古にいく。そういうことを三〇年やってきたわけですから、この二つの行動のあいだには何かのリンケージがあるはずです。

なければおかしい。こっちは仕事、こっちは趣味というようなシンプルな切り分け方ができるなら、仕事に熱中する時期には稽古を忘れ、稽古に熱中すると仕事を放り出すということが起きてよいはずですが、そんなことは一度もありませんでした。研究の調子がいいときは、稽古も愉しい。稽古がスランプのときは、研究もぱっとしない。ちゃんとシンクロしている。ひとりの人間のなかで起きていることなんですから、頭で考えていることと、身体が動いていることのあいだには構造的なつながりがあるはずなんです。

だから、フロイトの技法と武道の術理のあいだにはどこかに構造的なつながりがあるとぼくは思っています。

痛みを回避するために過去に逃げ込む人間、過去のある時点に時間的に居着いている人間は構造的に負けつづけるということを先ほど指摘しました。だからフロイトは「トラウマは治癒されなければいけない」と考えたわけです。トラウマをなんとかしなくてはならない。止まった時計を動かして、時間をふたたび前に進ませるというのが、フロイトの分析治療の原理だといってよいと思います。

分析治療のクライマックスではかならず「転移」という現象が見られます。「転移」というのは、被分析者が分析医に対して、エロティックな激しい固着を示すことをいいます。たとえば若い娘が白髪の分析医に恋をしたり、逆におばあさんが若い分析医に恋をしたりする。そういう変なことがどんどん起こる。あるいは「陰性転移」といって、患者が、わけもなく分析医を憎みだす。そんなふうに激しい愛憎の葛藤が起きてくる。

この「転移」という現象こそが分析治療の最大の原動力だとフロイトは考えます。『精神分析入門』でフロイトは「転移」についてこんな説明をしています。

◆つくりかえられた神経症

われわれは患者にその反復されているものをなんとか思い出すように仕向けます。そうしますと、情愛的であると敵対的であるとを問わず、とにかく治療にとってきわめて強い脅威を意味するようにみえた感情転移が、治療にとっての最良の道具となり、この道具の助けによって、心情生活の固く閉ざされた扉が開かれるのです。［…］そうなれば、われわれの相手はもはや患者の以前の病気ではなくて、それに代って新しくつくりだされ、つくりかえられた神経症であると言っても間違いではなくなるのです。★02

目の前にいる分析医に対して、どうにも抑えがたくエロティックな感情を抱いてしまうというのは、やっぱり「病気」です。けれども、この「病気」はもともとその患者が罹っていた神経症とは「別の病気」です。「毒をもって毒を制す」ではないけれど、分析治療というのは、じつはそんなふうにして、「もともと罹っていた病気」を「新たに罹った病気」とすりかえてしまうという技法なのです。

似たような経験をした方はいると思います。人間の身体って二か所が同時に痛む、ということはないんですよね。「より痛いほう」だけが痛む。ぼくは先日、夜中に胃けいれんの発作を起こして、そのとき廊下に倒れて、ドアに思い切り顔をぶつけました。翌朝、胃の痛みが引いてから鏡を見たら、顔の半分が紫色に腫れ上がっていましたが、夜のあいだは、顔を怪我したことなんかまるで気づきませんでした。胃が痛すぎて、顔の痛みを「消して」しまっていたわけです。

それと同じことです。人間は二つの神経症に同時に罹患することはできないんです。だから、分析治療というのは患者が「軽い神経症」にわざと罹るように仕向けるわけですね。そして、患者の「もとものトラウマ」を「転移」というできたてほやほやの病気とさらっとすり替えてしまうわけです。そうすると、患者のなかで止まっていた時間が動き出す。

よくできた技法だと思います。「過去の症候」から「現在の症候」に患者はこのときに歩みはじめる。それまで居着いていた過去の病症から抜け出して、分析家とのエロティックな交わりという未来の病症に向かって動きはじめる。患者はまっすぐに分析医めざして歩いてくる。だから、その欲望の中心にある分析医は患者の歩みを統御することができる。

そんなふうにして、しだいに患者自身の止まっていた時間が流れ出し、どこかの段階で現実の時間と患者の「主観的な時間」が一致するときが来るわけです。患者のなかで、それまでたえず「しゃっくり」みたいに未来に少し進んでは、過去に引き戻されていた時間が、繋留を離れて、未来に向かって漂流しはじめ、周囲の人びとが共有している「客観的な時間」と同調したときに、治療が成立する。たぶん、そういうことじゃないかとぼくは理解しています。

一度そういうふうに時間的な居着きを逃れる方法を知った人は、その次に強いトラウマ的衝撃を受けたときにも、たぶんうまく逃げられる。そこで硬直化して、殻を閉ざしてひたすら衝撃が去るのを待つ

★02　S・フロイト『精神分析入門』，懸田克躬ほか訳，〈フロイト著作集 1〉，人文書院，1971年，366頁．

という受け身のオプションではなく、未来に「フライング」気味に前のめりして、危機を乗り越え終えた「あとの状態」を想像的に設定して、そこに身体を放り込むようにして危機を逃れる。たぶん、そういうやり方が身につくと思うんです。

ラカンやフロイトは、おそらくそういう時間の操作ができることを人間性のひとつの重大な要件であると考えているとぼくは思います。危機に直面したときに過去の既知の痛みや苦しみにそれを同定して、「よく知っている痛みだから、平気」というふうにごまかすのが動物です。無生物になって危機を回避するのは、要するに「殺される前に死んでみせる」ということですね。「死んだものは二度死なない」から。

「わたしはもう死んでいる。だから、どんな怖いことが起きても、もう二度と死ぬことはない」というのがトラウマという危機管理の原理なんです。狸がびっくりすると仮死状態になるのと同じですね。トラウマ的な人というのは、言ってしまうと「狸」なんです。こう言っては悪いけれど、まだ人間じゃない。ほんとうの人間は、生物の原状に回帰して死んでみせる代わりに、未来にフライングする。過去に還帰するのではなく、未来に投企する。フロイトやラカンはそういうことを言おうとしているんじゃないかと思います。

となると、フロイトの治療技法は、武道における「先を取る」術理と根本的には同じだということになります。

「未来に棲んでいる人間」と「過去に棲んでいる人間」が対面したときには、もうかならず「未来に棲んでいる人間」が先を取る。これは当たり前ですよね。だって、時間を先に行っているんですから、一〇〇%の確率でその人が状況を支配することができる。「過去に棲んでいる人間」は「未来に棲んでいる人間」によって抗いがたく統御されてしまう。

分析家とは「未来に棲む人間」であり、トラウマに居着いている患者は「過去に棲む人間」である。両者が出会ったときには、ですからかならず分析家が「先を取る」ことになります。先を取った分析家にしてみたら、目の前にいる患者はもう「活殺自在」です。生かすも殺すも自由である。そういう種類の全能性をフロイトは分析家に賦与して、それによって患者の時間を動かそうとしていたんじゃないでしょうか。

前未来形で語る ラカン

同じことをラカンも書いています。これは『エクリ』のなかのよく引かれる有名な文章です。

◆語りの時制

言語活動の機能は、情報を伝えることにはない。思い出させることである。

わたしが言葉を語りつつ求めているのは、他者からの応答である。わたしを主体として構成するのはわたしの問いかけである。★03

「わたし」と発語しているのは患者です。患者である「わたし」は分析家に向かって自分の過去を思い出しながら自己史を語っています。そのとき「わたし」が求めているのは分析者からの「応答」です。応答というか、信認です。患者の告白について、「あなたの話した『自分についての物語』にわた

★03 J・ラカン「精神分析における言葉と言語活動の機能と領域」, *Ecrits I*, Seuil, 1966, p.181.（訳文は内田による）

しは同意署名する」というかたちでの公共的な承認を与えるのが、分析家の仕事です。そして、患者は分析医からの「承認」を求めて必死で過去を語ろうとする。語っている事柄は「過去の出来事」なんですけれど、それはもうトラウマ的固着からは離脱しつつある。というのは、トラウマをめぐって語る行為そのものは「分析医からの承認の獲得」という「未来の達成」をめざしているからです。もう時間は動きはじめている。

わたしを他者に認知してもらうためには、わたしは「かつてあったこと」を「これから生起すること」めざして語るほかないのである。［…］わたしは言語活動を通じて自己同定を果たす。それと同時に、対象としては姿を消す。わたしの語る歴史＝物語のなかでかたちをとっているのは、実際にあったことを語る単純過去ではない。そんなものはもうありはしない。いま現在のわたしのうちで起きたことを語る複合過去でさえない。歴史＝物語のなかで実現されるのは、わたしがそれになりつつあるものを、未来のある時点においてすでになされたこととして語る前未来なのである。★04

ここにラカン派の治療原理のかなり核心的なことが書かれているとぼくは思いますけれど、これって、ぼくが合気道で多田先生から習ったことと、ほとんど変わらないんですね。まさに、ぼくはそう教わった。

「わたしがそれになりつつあるものを、すでになされたものと思いなせ」というのが武道の身体技法の要諦なんですから。

被分析者はいろいろなことを語る。「ぼくはこんなことを経験しました。こんなことを思っています」と。でも、その人の身に起きた「ほんとうのこと」を語っているのではない。ぼくたちは誰も自分の身に起きえた「ほんとうのこと」なんか語れやしないのです。ことばはいつも「語りすぎる」か「語り足りない」かどちらかであって、語ったことばが「思い」を過不足なく「表現」するというようなことはけっして起こりません。

なぜなら、ぼくたちが話すときには、いつでも「聴き手」がいるからです。その人に届くように、その人がうなずいてくれるように、その人がほほえんでくれるように、その人が承認して、「わたし」を愛してくれるように、ぼくたちは語ります。それはべつに相手の気に入られようと都合のいい話をでっち上げているわけじゃない。そうではなくて「前未来形」で話しているんです。

被分析者は、話が終わったときに、分析家という他者によって「承認された自分」めざして語ります。そのことばは、「まだ語り終えていない当の物語を、すでに語り終えた人が、回想する」という仕方で語られます。「前未来形で語る」というのは、そういうことです。

「わたし」の消失点

武道の修業をするとか神経症の患者になるとかそういう面倒なことをしなくても、「時間意識のコントロール」ということを、ぼくたちはそれと気づかぬままに日常的にやっていると思います。そのことがちゃんとできると、人間として生きやすくなるから。

前未来形で前倒しできる最遠にして最後の時点は「死んだ後の自分」です。それ以上先には行けませ

★04　ラカン前掲 *Ecrits I*, p.181.

ん。「死んだ後の自分」を「現在」に想定して、そこから自分の過去や「これから死ぬまで」に経験した(ことになっている)さまざまの出来事を静かに回想的に語れる人、自分についての物語を語り終えた時点、つまり「死んだ後の自分」という前未来形の消失点から「今」を見ることのできる人。そういう人のことを古来、ぼくたちは賢者、名人、聖人というふうに呼んできたんじゃないでしょうか。

武道の修行やフロイトの技法がめざしているのは、けっきょくは同じことで、それは「前未来形で語る」という技法を訓練して身につけて、その「前未来形の円錐」の先端をどんどん先に伸ばしていくことに行き着くのだろうと思います。「わたし」の消失点をできるかぎり先へ遠くへ送り出すこと。これです、きっと。

武道家の場合だったら、今やっている稽古が終わって、道場から帰って、家でご飯を食べて、風呂に入って、ふとんに入って寝つく前に、ふと今日稽古した「あの技」のことを思い出す……というような感覚で、現在ただいま技をかけることができたら、これはもう相当の達人ということができるんじゃないでしょうか。

未来の体感を先に伸ばしていけばいくほど、出来事に対するコントロールの力、統御能力が高まるのは当然です。だって、どんな衝撃的なことが身に起こっても、「それはもう過ぎたむかしのことだ」というふうに懐かしく回想されるわけですから。「ああ、あのときはこうしておけばよかったなあ。今さらながらの後知恵だね、ははは」というふうにもし現在を回想できるなら、間違った選択をして大失敗するということはかなりの確率で避けられるでしょう。

そうやって先に伸ばしていける最遠点はどこかといえば、「死んだ自分」です。

山岡鐵舟はみごとな死に方をしたということで知られている人です。癌で死ぬのですが、死ぬ前に自分の弟子や知人、家族を集めて「長いあいだ世話になった。こういうわけでわたしは死ぬからあとはよろしく」と挨拶したあとで全員を隣の隣室にさげて障子を閉めてから、座禅を組みながら絶命しました。

「山岡鐵舟は若いころから剣術の稽古に励んで、さまざまな生死の境をくぐって胆力がついたので、死に際してみごとであった」と書く人がいますけれど、これは話の順序が違うとぼくは思います。そうではなくて、山岡鐵舟は早い段階で、自分の臨終の場面とそのときの自分の体感までをもクリアカットにイメージすることができた。それだけ長い射程をもった前未来形のなかで生きていたので、その生涯でどんなことが起きても驚かない、どんな不意の出来事に際会しても判断を誤らないという胆力を得たのだとぼくは思います。

生き死にの境でこわい思いを何度もしたから、その結果胆力がついたというのではなく、「死んだ後の自分」という想像的な消失点からつねに「現在」を回想するような生き方をしていたから、剣術もめちゃくちゃ強かったし、政治的な判断でも過つことがなかった。鐵舟は人生経験を積み上げてしだいに成熟するというのとは、本質的に違う時間の流れを生きた人じゃないかとぼくは思うのです。

人間だけが、死んだ後の地点から語ることができる

「死んだ後のわたし」を消失点に据えて、そこから前未来形で現在を回想するような時間意識をもつことのできた人間はよく生きることができる。危機に遭遇しても、「死んだ後の自分」の体感をクリアにイメージできる人間がけっきょくは生き残れる。「死んだ後の自分」から今を回想できない人間、胆

力がない人、危機的状況をリアルタイムで生きてしまう人間は、たぶんいきなり死んでしまうのです。

「武士道とは死ぬことと見つけたり」というのは『葉隠』ですけれど、常住坐臥死を忘れないというのは、それほど宗教的なことでも思弁的なことでもなく、死に臨んだときの自分自身のたたずまいをはっきり思い描ける人間だけがよく生きることができるという、ある意味ではごく功利的な経験則を語ったことばだろうとぼくは解釈しています。

前未来形で自分を語るというのは人間の生存戦略上、たいへんにすぐれた方法です。人間が、爪も牙もない、これほど脆弱な身体的組成の哺乳類であるにもかかわらず、最終的に地球を生態学的に支配することができたのは、この「時間をいじる能力」をもっていたからではないかとぼくは考えています。

というのは、動物と人間を決定的に分けるのは「死んだ後」という境域をありありと想像する力、ほとんどそれだけだからです。だからこそ、約五万年前に人類の祖先は「葬礼」をおこなうという習慣を獲得したことによって、他の霊長類から分岐したわけです。

「死者は存在する」「死後の世界はある」という信憑によって、人間はサルから人間に進化しました。「霊的境位」というようなものは「未来にフライングする」能力、勢い余って「自分が死んだ後の自分に出会う」という『粗忽長屋』の住人のような破天荒な想像力なしにはけっして思い描くことのできないものですから。

第4章 わからないまま そこに居る ◉身体と倫理

「身体と倫理」は、わたしの念頭を去ることのない主題です。今回は倫理と身体をどうやって結びつけるのかということをお話ししたいと思います。

今わたしが、個人的に重要なテーマとしているのは、合気道とレヴィナスです。

わたしは三〇年ほど合気道を稽古してきましたが、それと同じぐらいの期間、レヴィナス哲学を勉強してきました。レヴィナス先生の教えというのは、倫理にかかわる教えです。つまり、わたしは身体にかかわる教えと倫理にかかわる思想をずっと研究してきたということになります。

前にも言いましたが、同じひとりの人間が二つのことに同時に深い関心をもっているということは、たとえ表層的にはつながりが見えなくても、内部ではつながっている。そうでなければ、おかしい。どこかでつじつまが合っているはずです。

どこがどう「つじつまが合っている」のか、それはわたし自身にもよくわかりません。けれども、レヴィナス哲学と武道の術理のあいだに何らかのつながりがないと、わたしという人間が立ちゆかない。べつにわたしが立ちゆかなくても誰も困らないんですけれど、わたしとしてはできれば「なるほど、そうだったのか」と腑に落ちたい。

そういう点ではプライベートな主題なのですが、わたしにはなんとなく、レヴィナスと合気道のあいだのつながりは、人間の成り立ち方についてのかなり汎用性の高い知見に結びつくんじゃないかな、という予感があるのです。その予感がはたして根拠のあるものなのかどうか、それを話しながら考えていきたいと思っています。確たる見通しがあって話しはじめるわけではありませんので、着地に失敗して、とりとめもない話になるかもしれませんが、そのときはご勘弁をいただきたいと思います。

倫理とは合理的なものである

今日お配りしましたのは、昨日の昼間につくりましたレジュメです。いくつか最近読んだ本のなかで「へぇ……」と感心したもので、今日の話のどこかで関係するのではないかと思ったものを採録してあります。

とっかかりで一番目をごらんください。これはつい最近読んだ村上龍の『恋愛の格差』という本のなかにあった、印象深い文章です。

◆マジョリティへの恐怖

わたしは常にマジョリティに対する不安と恐怖を抱いている。自分がマイノリティに属しているという自覚があるわけではないのだが、マジョリティがヒステリー状態に陥ったとき、自分は必ず攻撃されるという確信のようなものがあるからだ。その確信は、わたしが大前提的にマジョリティを嫌っていることに原因がある。〔…〕

わたしがマジョリティを嫌悪するのは、真の多数派など存在しないのに、ある限定された地域での、あるいは限定された価値観の中でのマジョリティというだけで、危機に陥った多数派は少数派を攻撃することがあるからだ。そしてマイノリティといわれる人々も、その少数派の枠内で、細かなランク付けをして、少数派同士で内部の少数派を攻撃することもある。

忘れることのできない写真がある。それは大戦前のドイツでユダヤ人たちがひざまずいて通りを歯ブラシで磨いているという写真だ。その人物がある宗教に属しているというだけで、その人物の人格や法的な立場とは関係なく差別するというのはもっとも恥ずべき行為だが、わたしたちは立場が危うくなるとそれを恥だと感じなくなる。

わたしはどんなことがあっても、宗教や信条の違いによって、他人をひざまずかせて通りを磨かせたりしたくない。それはわたしがヒューマニストだからというより、そういったことが合理的ではないというコンセンサスを作っておかないと、いつわたしがひざまずいて通りを磨くことになるかわからないからだ。

わたしたちは、状況が変化すればいつでもマイノリティにカテゴライズされてしまう可能性の中に生きている。だから常に想像力を巡らせ、マイノリティの人たちのことを考慮しなくてはならない。繰り返すがそれはヒューマニズムではない。わたしたち自身を救うための合理性なのだ。★01

村上龍さんはそんなに論理的な書き方はしません。自分の印象にピタッときたことばを投げつけるように書いてしまうので、これだけからは結論は出せない。でもここには倫理にかかわる大きな問題が含まれていると思いました。

昨日、今日とずっと考えていたのは、「いったいわれわれの社会の倫理はどのようなかたちで基礎づけられているのだろうか。それと身体性はどのレベルでかかわりをもつのか」ということです。

まず最初に倫理とはどういうことかを、このテキストを手がかりにして考えてみようと思っています。

ここで村上龍さんは、ヒューマニズムと合理性を切り分けていますね。ヒューマニズムではダメなのだ、ヒューマニズムによっては正義や倫理性は基礎づけられない、理論的には基礎づけられても実効性がない、と。そして、人間をある程度きちんとコントロールできるもの、社会的なガイドラインになるものは、かれの場合は経済合理性です。それをすると得をする、それをすると金が儲かるというような、ある種の合理性の裏付けがないと人間は道徳的な行動をしない。そういうふうな説明の仕方をされるわけです。

これは村上龍さんの書いているエッセイに一貫している主張です。「正しいふるまいを経済合理性に結びつけなければ、人間は動かない。きれいごとだけ言っても始まらない」という考え方です。わたしはそれはひとつの危機感のあらわれとして評価するのですけれども、やはりそれだけではことばが足りないように思います。まだそれだけでは、人間性の「自然」と、倫理的なふるまいという「不自然」を論理的には架橋できない。

自然と不自然のあいだに架橋するためには、もうひとつ足場が必要だと思います。

村上さんの結論である「倫理というのはわたしたち自身を救う合理性なのである」というのは、これで正しいのです。どんな場合でも、かならずここに帰着しないといけない。これが前提です。倫理というのは、基本的には、われわれ自身を救うための合理性なのである。ただ、ここでいう「合理性」というのは、それほど単純なものではありません。

★01　村上龍『恋愛の格差』，青春出版社，2002 年，247-249 頁．

しかし倫理に基準はない

「倫理」という語はほんとうはどういう意味かということを問われないままに「政治家の倫理」とか「医療の倫理」というふうに流布していますが、倫理の「倫」の語義は、白川静さんの『字通』によると、「相次序し、相対する関係のものをいう。類もその系統の語。全体が一の秩序をなす状態のもの」となっています。

簡単に言ってしまうと、「倫理」は共同体とか社会とか集団とかが成り立つための「条理」のことです。「共同体が共同体として成立するために成員が守るべき行動準則」というのが、「倫理」という語の定義としては、とりあえず無難じゃないかと思います。

「絶倫」ということばがありますね。「精力絶倫」というような使われ方をする。「絶倫」は「輩《やから》に絶する」、つまり集団の内部のアベレージから大きくはずれている、ということです。逸脱していることが「倫に絶する」ですから、そこからおのずと「倫」ということばの意味も逆算できます。

「倫」というのは、一種のコンベンションです。ある共同体のなかで、「このへんまでが〝ふつう〟かな……」というときの「〝ふつう〟の線」のことですね。実体として存在するものではない。「みんな」で決めた取り決め、契約、規範ですね。

何が「逸脱」で、何が「オッケー」なのかについて、どこにも一般的なガイドラインはない。どこからが規範に合致していて、どこからが規範から逸脱するのかに関しては、全員が納得できる基準はどうも倫理に関してはない。

これが倫理の問題をいちばん危うくしている根本的な事実だと思います。

村上龍さんはヒューマニズムではないと言っていますが、この場合の「ヒューマニズム」は、括弧付きの「ヒューマニズム」ということでしょう。ほんとうの意味での「ヒューマニズム」が、人間が幸福に生きるためのさまざまな配慮のことだとするならば、倫理は本質的にはヒューマニズムだとわたしは思っています。ただ、いまわたしたちの言説市場で行き交っている「ヒューマニズム」ということばにはあまりにも手垢がついていて、それ自体が実効性がなくなっているということをおそらく村上さんは気にしているのでしょう。

ここからいくつかアイディアを出していきましょう。

他者は共感可能であり、かつ共感不可能である

まず「非倫理的とは何か」から考えてみます。

これはむずかしい問題を考えるときのコツですけれど、逆から考える。「死とは何か?」という問いについて考えるときは「もし、人間が死ななかったらどうなるか?」を考えてみる。「性とは何か?」について考えるときには、「もし、セックスのない人間がいたら、どんな便利なことと、どんな不便なことがあるか」を考えてみる。

これは手塚治虫の愛用した方法なんですけれどね(「死とは何か?」という問題を扱ったのが「不死の人間の悲劇」を描いた『火の鳥』で、「人間性とは何か?」という問題をあつかったのが「人間よりヒューマンな存在」を描いた『鉄腕アトム』です)。

手塚治虫にならって、むずかしい問題を逆から考えてみます。

この場合は、村上龍さんがたいへんピトレスク(絵画的)な例をあげてくれています。ユダヤ人たちがひざまずいて歯ブラシで通りを磨いている。それをさせているドイツ人のふるまいは「非倫理的」である。これはわたしたちにそうだろうなと納得がいく。こういうのは絶対にまずいよな、と思う。

では、ユダヤ人にこんなことをさせているドイツ人のどこが非倫理的であるのかというと、それは「自分が逆の立場になることを想像できない」ということですね。つまり、「ドイツ人であるがゆえに歯ブラシで通りを磨かされている状況」を想像することができないという想像力の欠如こそが、ここでのドイツ人の非倫理性を条件づけていることになります。

ただ、ここで結論に短絡してはいけません。

「あっ、そうか、なるほど。倫理というのは他人の身になって物事を考えることなんだ。人の身になる想像力があるのが倫理的であって、人の身になれないのが非倫理的ということなんだ」と括られてしまうと、それもちょっと違うんじゃないかな、という気がします。どこがどう違うのかは、あとでまた緻密に議論をしないといけないのですが。

いずれにしても、「自分とは違う立場に身を置いて考える」という想像力の使い方ができるかどうかが、ひとつの指標にはなるだろうと思います。

「人の身になって考える」とはよく言われることばです。わたしもよく人から言われます。「内田は人の痛みがわからない」とか、「なんでおまえは人の身になって考えられないのか」と、子どものころからさんざん言われてきていました。

でも、なんかそういう説教が今ひとつ身にしみない。なぜかというと、人の身になって考えるとか、人の痛みがわかるということを言う人間の、他人に対する「距離の甘さ」がなんか気にくわない。そんなに簡単に人の身になれるのかなと、つい疑い深くなってしまう。

ここに、倫理の問題を考えるときの最大の難問があると思うんです。それは「他人は共感可能なのか、共感不可能なのか」ということですね。

わたしは、「他者というのは共感可能であると同時に共感不可能である」という矛盾した命題を立てて、話を少しごちゃごちゃにしないと、どうもうまくいかないような気がするんです。「話をごちゃごちゃにしないと、うまくいかない」というのはおかしな言い分に聞こえるかもしれませんが、そういうことって、けっこうあるんです。

「どうして人を殺してはいけないのですか」と問える位置

何年か前に(それから後も繰り返し引かれましたが)、ある中学生がテレビ番組でそこにいた知識人にむかって「どうして人を殺してはいけないのですか」と反問したところ、誰もそれに対して納得のいく答えができなかったということがありました。ほんとうかどうかわかりませんが、このエピソードが繰り返し繰り返しいろいろな文脈で引用されたことはご記憶だと思います。

「どうして人を殺してはいけないのですか?」と問いかけた中学生はもちろん問いの立て方が間違っているわけですが、それは、「自分はこのような問いかけを、いついかなる場合でも口にできるか?」という問いを自分に向けていないからです。

その中学生が、ナイフを持った男に捕まったとします。そしてナイフを突きつけられて、今まさに喉をかき切られようとしているとき、ナイフを持った男が「どうして人を殺してはいけないのか?」とまわりの人に問いかけたとします。そのとき、喉元にナイフを当てられたこの中学生は、犯人といっしょになって、「どうして人を殺してはいけないのですか?」と唱和できるでしょうか?

そういう立場になったら、たぶんこの子はそのようなシニカルな問いは口にできないだろうと思います。

自分がある言明をするとき、その言明がなしうるのは、ごく特殊な条件のもとに限定されているのではないか、という自問をすること、それがわたしたちには必要です。

「どうして人を殺してはいけないのですか?」という問いは非倫理的な問いです。それは人を殺すことが非倫理的であるより以前に、自分が「殺す側」にいる局面だけを想像して、自分が「殺される側」になる可能性については想像していないからです。

ある限定的な局面や短期的には合理性はあるけれども、長期的には合理性のないことがあります。少数の人間だけがおこなう場合には合理性があるけれども、それをする人の数が一定数を超えてしまうと合理性がなくなること、ということもあります。

「どうして人を殺してはいけないのですか?」という問いかけが、ある種の痛烈な文明批判になりうるのは、とりあえず殺す人も殺される人もいない平和な場においてだけです。しかし、銃を持った人間が家のドアを蹴破って入ってきたときや、白刃を振り回した人間が群衆に向かって走り寄ってきたときには、おそらくそのような苦みのきいた文明批評に耳を貸す人はいないでしょう。そんなシニスムは、人間の暴力性、野獣性を肯定することにしかなりません。

「殺すな」でさえ、つねに正しいわけではない

考えてみれば当たり前のことですけれど、「どういう局面でそのことばが発せられるか」によって、わたしたちが口にする命題の真偽は変わってしまいます。

短期的にはオッケーだけれども長期的にはオッケーではない。ある集団のなかの一部分の人間がやっている場合にはプラスなんだけれども、それ以上の人数がやってしまうとマイナスのほうが多い。そういうことがあります。量的な変化によって、そのことの質的な変化が生じてしまうことが、倫理に関してもあるわけです。

ここが倫理について考えるときの、むずかしさだと思います。

わたしたちはできれば、いついかなる場合でも、誰についても妥当するような汎通《はんつう》的な「正しさ」を求めます。「殺すな」という倫理的命令にしてさえ、その命令にすべての人が粛々《しゅくしゅく》に従うであろうとは思われません。現に、戦争を遂行している国の政治指導者や抵抗運動を支持する宗教指導者たちは「殺せ」ということばを公然とメディアを通じて発信しています。かれらだって、主観的には倫理的な人であるのでしょうし、正義を執行しているつもりでいるに違いありません。

「人を殺してはいけない」というぎりぎりの倫理的規範でさえ、平然と破られており、そのことをわたしたち自身べつに奇妙なことだと思っていないということは、「倫理とは一般的に妥当するものではない」ということを意味しています。

テロリストの根絶を呼号するアメリカ大統領はおそらくテロの犠牲になったアメリカ市民たちの痛み

に深く共感しているのでしょうし、聖戦を指示する聖職者はアメリカの空爆の犠牲になった同胞の痛みに深く共感しているのでしょう。

かれらの正義と、正義に基礎づけられた暴力はまさにかれらの「人の身になって、その痛みを追体験する」能力に裏付けられているわけです。そう考えると、「想像力をめぐらせる能力」がイコール「倫理性」であるということは軽々には口にできないということになります。

他人の身になってみるとか、想像力をめぐらせてみるといったことにしても、そのとき「その身」になってもらえる「他人」のカテゴリーに誰が含まれ、誰が含まれないのかについて問われないのであれば、倫理を基礎づけることはできません。

ではもし、ありとあらゆる他者に共感でき、想像力を発揮できるひとがいたとしたら、そのひとは倫理的にふるまえると言えるでしょうか？

おそらくそのひとは「殺される側の人」の「痛み」に共感すると同時に、「殺す側の人」をそのような極限的な立場にまで追いつめた「切ない事情」にも共感してしまうでしょう。世界中のすべての他者に共感してしまう人間がもしいたとすれば、おそらくその人はただ黙って立ち尽くし、すべての苦痛と悲惨にただ涙を流しつづけることしかできないでしょう。

もちろん、なすすべもなく立ちつくし泣きつづけることは、けっして悪いことではありません。その人が底知れないほど美しい魂の持ち主であることにわたしは喜んで同意します。けれども、その人が「今ここにある」暴力を停止させたり、荒れ狂う世界にいくばくかの平和や幸福をもたらすことはあまり期待できそうもありません。

倫理とは原理の問題ではありません。

これが倫理について考えるときの最初にクリアすべき逆説です。

倫理というのは、むしろ計量的な問題だろうとわたしは思います。

倫理には賞味期限もある

先ほどの話に戻ります。私利を求めて経済合理的な活動をしている人がいて、その人数がある範囲内にとどまっていればとくに問題にならないけれども、その人数がある閾値《いきち》を越えると、今度はその合理的活動そのものが、合理的活動をしているはずの当の人間の利益を損ない、生命や安全を危険にさらすことがあります。

倫理の場合も同じことです。倫理学は一種の社会理論です。ひとつの社会における人間のふるまい方に関するガイドラインを定めたコンベンションなのです。その規定が合理的で実効的である場面と、同じ規定なんだけれどもあまり実効性がない場面とがある。どこかで「書き換え」をしないといけない。新しいヴァージョンに「更新」しないといけない。

これがむずかしいのです。

倫理は経年変化によってだんだんと実効性がなくなってくるから、局面によって書き換えていかないといけないと言うと、「そんなもののどこが倫理だ」と言われるんですよね。以前、ある哲学の学会でレヴィナスの話をしたときに、「レヴィナスの正義の概念ははっきりしないものでありまして、局面によって正義は変化するわけです」と言ったら、「そんなコロコロ変わる正義があってたまるものか。正義というのは変わらないものだ」とある哲学者に怒られて困惑してしまいました。

こんなことを言う人にどうやって説明したらいいんでしょうね。

この人にとって、正義というのは「月光仮面の正義」みたいに、一〇〇%ピュアで、どんな時代のどんな局面でも妥当するものじゃなければいけない。でも、これはかなり幼児的な考え方です。

「正義」というのは、どんどん変わるものです。変わる条件は、基本的に期間の問題と、それを「正義」だと信じる人間の数の問題です。でも、勘違いしないでくださいね。長期間にわたって、多数の人が信じる「正義」が「良い正義」であるわけじゃないんですからね。むしろ、少数の人間が短期的に言っていれば有効だけれども、長期にわたって一定数以上の人間が言い出すと危なくなるのが「正義」なんです。

そこの見極めがむずかしいんです。

「その見極めはどうやってするのか、基準を言え、マニュアルを出せ」と言われても困るんです。正義に汎通的な基準なんかあるはずがないんだから。そんなものがあったら、誰も苦労はしません。「正義」がいつまでどこまで誰に対してまで「正義」であるかについては、一般的な基準がなくて、ケースバイケースで判断していかなくちゃいけない、ということを先ほどからお話ししているんです。

そこを見極めないと倫理については語れない。まことに面倒な仕事です。

自然権の制限による利益の最大化
ロックとホッブズ

「人の身になって考えれば他人の痛み、苦しみがわかるから。他人の痛みに共感できる人たちばかりであれば、世の中から悪いことがなくなるだろう」というのは、これがじつは近代市民社会の基礎理論です。

ジョン・ロック、トマス・ホッブズ、あるいはジャン゠ジャック・ルソーが近代の市民社会の理論的な基礎づけをしたわけですが、それが一七〜一八世紀ごろの話です。かれらの共通の了解は、「市民の全員が合理的に行動すれば、社会はかならず倫理的になる」というものです。

かれらの説明によると、古代から中世の社会は、弱肉強食というルールが支配していました。ジャングルの掟ですね。自分の生命、財産、安全は自分で守らなくてはならない。そのかわり力のある人間は欲しいものをいくら取ってもかまわない。

そういうルールでやっていったほうがいいのではないか、という人もいるでしょう。実際にたしかにそういうルールでやった方が自分は得だという人もいる。しかし、よく考えればわかりますが、みんなが「それでは」というので、好き放題のことをやっていると、最終的には最強の人間ひとりだけが全部を取って、そのひとり以外のすべての人はその人に収奪され、暴力を受け、自分の生命安全をつねに脅かされる生き方をしないといけなくなる。どう考えても、そのひとり以外にとっては不利な選択なわけです。それはまずいのではないかというところから、近代の市民社会論が始まります。

まず、ジョン・ロックの『統治論』にはこんなことが書かれているのです。

◆自然権の宣言とその委譲

すでに明らかにしたように、人間は生まれながらにして、他のどんな人間とも平等に、すなわち世界中の数多くの人間と平等に、完全な自由を所有し、自然の法の定めるすべての権利と特権を、抑制されずに享受する資格を与えられている。したがって人間は、自分の所有物、すなわち生命、自由、資産を、他人の侵害や攻撃から守るための権力だけではなく、また、他人が自然の法を犯したときには、これを裁き、またその犯罪に相当すると信ずるままに罰を加え、犯行の凶悪さからいって死刑が必要と思われる罰に対しては、死刑にさえ処しうるという権力を生来もっているのである。しかし政治社会というものは、それ自体のうちに、所有物を保全する権力と、そのための、社会の人々のすべての犯罪を処罰する権力をもたなければ、存在することも存続することもできない。だから、政治社会が存在するのは、その成員のだれもが、社会によって樹立された法に保護を求めることを拒否されないかぎり、この自然的な権力を放棄して、その権力を共同社会の手に委ねるという場合、そんな場合だけである。★02

「一人ひとりの人間が自然権(ナチュラル・ライツ)をもっている」という発想があります。人間は自分の幸福や自由や財産を追求する権利をもっている。生まれながらにして与えられた権利であって、誰もこれは侵害できない。

しかし、ひとりでやるならよいけれど、全員が自然権の行使を始めると社会はジャングルになってしまいます。結果的には、生命、自由、財産の安全が保護しえない。それでは、というので、自分たちが与えられた自然権、人間一人ひとりがもっている権利の一部分を削って公権力に譲渡することにした。「自分自身が生来もっている権限」を断念することを通して、自分自身の、より効果的な安全を確保することができる、というのが近代市民社会論の基本にある発想です。

自然権は原理としては認めるけれども、運用上はそれをある程度制限しないと、自然権の行使を要求する人自身が長生きできない。これが一七〜一八世紀における「常識」です。いま読んでも、なかなか奥が深い。「あなたには権利がある。権利があるけれども使っちゃだめです」という、たいへんに矛盾したことをあからさまに主張しているからです。

わたしはぴたりとつじつまが合った社会理論より、あちこちに矛盾やほころびのある社会理論のほうを信用することにしています。そういう矛盾は「現場」からしか出てこないことばですから。生活実感、社会経験のなかで、人間の愚かさを熟知した人の口からしか出ないことばですから信用できるのです。

ジョン・ロックと並び称されるトマス・ホッブズの『リヴァイアサン』。これも「各人の各人に対する戦争」という有名なことばがあります。

◆各人の各人に対する戦争

自分たちすべてを畏怖させるような共通の権力がないあいだは、人間は戦争と呼ばれる状態、各人の各人にたいする戦争状態にある。[…] このような状態においては勤労の占める場所はない。勤労の果実が不確実だからである。したがって、土地の耕作も、航海も行なわれず、[…] 技術、文字、社会、のいずれもない。そして何よりも悪いことに、絶えざる恐怖と、暴力による死の危険がある。そこでは人間の生活は孤独で貧しく、きたならしく、残忍で、しかも短い。★03

人々が外敵の侵入から、あるいは相互の権利侵害から身を守り、そしてみずからの労働と大地から得る収穫によって、自分自身を養い、快適な生活を送ってゆくことを可能にするのは、この

★02　J・ロック『統治論』，宮川透訳，〈世界の名著 27〉，中央公論社，1968 年，245 頁．
★03　T・ホッブズ『リヴァイアサン』，永井道雄ほか訳，〈世界の名著 23〉，中央公論社，1971 年，156–157 頁．

公共的な権力である。この権力を確立する唯一の道は、すべての人の意志を多数決によって一つの意志に結集できるよう、一個人あるいは合議体に、かれらの持つあらゆる力と強さとを譲り渡してしまうことである。［…］これが達成され、多数の人々が一個の人格に結合統一されたとき、それは《コモンウェルス》――ラテン語では《キウィタス》と呼ばれる。かくてかの偉大なる《大怪物》（リヴァイアサン）が誕生する。★04

高校の世界史の資料集か何かで、このあたりの抜粋はお読みになった記憶があるかもしれません。「リヴァイアサン」というのは旧約聖書に出てくる海の大怪物です。これが「コモンウェルス」、つまり共同体、共和国、単純に国家といってもいいのですが、要するに「公益体」のことです。

近代国民国家、近代市民社会が成立する過程で、イギリスとフランスを中心にして思想家たちが広めたのはこういう考え方です。

人間は自分の生命、自由、幸福を追求することができる。一〇〇％その権利を享受することができる。けれども、少なくともその一部分を分割して、公権力に譲渡しなければならない。そうしないとその権利から最大の利益を引き出すことができない。個人の私権をちょっとずつ制限して、それが供託された非人称的な「公的なるもの」、それが「コモンウェルス」です。

この「公的なるもの」を呼ぶときに、あえてホッブズは「リヴァイアサン」ということばを使いました。「コモンウェルス」というとなんとなく語感としてはフレンドリーな感じですが、「リヴァイアサン」というと、聖書のなかに出てくる怪物です。ワニのような巨大な怪物です。ゴジラみたいな。人間に対してきびしく敵対的な怪物を含意することばをここでホッブズはあえて使用したわけです。

自然権を制約することによって「コモンウェルス」ができるということにとりあえずみんなが納得した。自分の私的利益を最大化するためには、自分の自然権を無制限に行使してはいけない。私権をある程度制約化しないと私的利益は最大化できない。

これは、現在の「ゲームの理論」の考え方によく似ていますね。全部取ろうとすると、取り分が減り、ある程度欲望を自制するほうが取り分が増える。

このことはもう三〇〇年前からわかっていたわけです。ただ、どの程度私権を制限すれば、私的利益が最大化するのか、ということについては一般的な公式がなかったんですね。「この線でいけば最大化します」とは、数式では示せない。こればかりは勘でやっていくしかない。その後、ヨーロッパでもアジアでも、いろいろな近代国民国家ができるのですが、どこで「コモンウェルス」の線を引っ張って、どこまで個人の自然権の領域を最大化するかについては、経験則しかない。

自然権とお金の最大化
アメリカ『独立宣言』

イギリス、フランス以後に成立した国民国家のなかで、「コモンウェルス」についていっぷう変わった解釈を採用した国があります。アメリカです。

アメリカという国では、なぜか「コモンウェルス」よりも「自然権」のほうが重視されたのです。一人ひとりによる生命、自由、財産の追求のほうが、国家全体の公益よりも優先する、ということがはっきり憲法にうたわれている。

このコモンウェルス観が、アメリカという国の独自な性格を規定していると思います。これがある意

★04　ホッブズ前掲『リヴァイアサン』, 195-196頁.

味では近代国家としてのアメリカの劇的な成功の原因でもあるのですが、成功の原因は同時に没落の原因でもあるわけで、そこにわたしはたいへん興味をもっています。

どこが興味深いかと言うと……ジェファーソンの起草した『独立宣言』を見てみましょう。

◆私権の優先

われわれは以下の原理は自明のことと考える。まず、人間はすべて平等に創造され、創造主から他にゆずることのできない諸権利を与えられており、それらの中には生命、自由、幸福への追求の権利がある。次に、これらの権利を保障するためにこそ、政府が組織されるのであり、政府は、おさめられる者の同意によってのみなりたつ。★05

ロック、ホッブズ、あるいはルソーやモンテスキューの主張と『独立宣言』の主張はほとんど変わりません。でも、ニュアンスが微妙に違うことに気づかれましたか？　すごく微妙な違いなんですけれどもね。

近代市民主義の思想家たちは「私権の制限による公益の増大こそが私益の最大化をもたらす」というロジックを使いました。でも『独立宣言』の力点は違います。「公益の増大が私益の最大化を妨げる場合があるが、その場合は私権を優先させてよい」ということのほうに力点が置かれているのです。『独立宣言』には「政府はやむなくつくるものであって、政府が市民たちの自然権の行使を妨害するときはいつでも革命を起こして政府を倒す権利が市民にはある」ということが延々と書いてあります。ホッブズやロックは私権の制限を力説し、ジェファーソンは公益の制限を力説している。この力点の違いはずいぶん大きいとわたしは思います。

「資産イコール幸福」の国

『独立宣言』を読んでもうひとつ気になったことがあります。それは、ジョン・ロックは、自然権とは自分の所有物、すなわち「生命、自由、資産」を他人の侵害や攻撃から守るための権利である、と書いているのですが、『独立宣言』はそれが「生命、自由、幸福」になっているということです。「資産」が「幸福」に書き換えられているのです。

「資産」は「資産」ですよね。それ以外の何物でもありません。それが「幸福」というような抽象語に言い換えられてしまうというのは、どういうことなんでしょう。

アメリカ合衆国は「お金にそれほど価値を認めなかった社会」だということでしょうか。まさかね。『独立宣言』の起草者グループにはベンジャミン・フランクリンも入っています。「時は金なり」と言った方ですね。

ということはアメリカ合衆国では、「資産」は「幸福」の同義語なわけです。と同時に「生命、自由、幸福」とは次元の違う概念、そこから派生する二次的な価値というよりはむしろそれらを基礎づける概念と解釈することもできない相談ではありません。「お金がなければ、生命も自由も幸福も安定的には確保できない」というある意味ではたいへんに人間の成り立ちに通じた考え方が『独立宣言』には示されているとも言えます。

とりあえず、アメリカ合衆国はその成立の時点において、個人の自然権を最大化させて、政府はでき

★05　アメリカ『独立宣言』，1776年．

るだけ私人に干渉すべきでないというイデオロギーを宣布していたのです。

今日のアメリカン・グローバリズムのことを考えると、やはりこの出発点に帰着するのではないかと思います。「私利を最大化するためには、私権を制限しなくてはいけない」という発想が、アメリカという国にはおそらくなじみが悪いのでしょう。

たとえば、中東地域についていえば、アメリカが自国の利益を優先してどんどん事を進めるのではなく、多少私益を犠牲にして国連決議を待つとか、国際世論の合意形成に時間をかけるとか、そういう選択をするほうが結果的には中東の政治的安定のためにはより効果的に寄与することは目に見えています。それにもかかわらず、アメリカ政府はあえてそういう選択肢をとらない。それは、中東の政治的安定よりも、アメリカン・イデオロギーを貫徹することの方が優先順位の高い目標であるということを意味しています。だからこそ、私権の行使を自制することで国益が増大することがわかっているにもかかわらず、アメリカはそのような戦略を採択することができない。当面の国益よりも建国の理念のほうが優先しているんです。でも、この話をしだすと長くなるので元に戻します。

同質化への欲望がもたらすもの

「人の身になって考える」の危うさ

ロックやホッブズの近代市民社会論を基礎づけているのは、「市民は賢い」という前提です。

「自然権をほしいままにすることよりも、私権を制限してコモンウェルスに権限委譲するほうが、私利の最大化に役立つ。だから、人間はエゴイスティックであればあるほど倫理的にふるまうはずである」というのが、ホッブズやロックのロジックでした。これは理論としてはまことに整合的なのですが、現実とは相容れない。

それはかれらの思想の根本に「人の身になってみると、みんなけっきょくはわかり合える」という、どこか理想主義的な人間観があるからです。「私利を最大化したい」と自分は考える。当然、みんなもそう考えるにちがいない。そういう人たちが集まって共同体をつくれば、私利私欲の追求と公共の福祉はみごとに一致する。そういうふうに考えた。でも、自分と他者はどこまでも同質的なものでありうるという想定そのもののうちに背理があるのです。

すべての人間が同質であるということに、人間は耐えられません。差異のなかでしか運動は起こりません。だから、差異を望むのは人間の本性なのです。

「すべての市民は本質的に同質である。全員がお互いを共感しあったり理解しあったりできる」ということを前提にすると、みんなが同じ社会集団に属し、同一の価値判断、価値基準で動くことになります。そうなると、一人ひとりの人間の価値を決める度量衡も同じものになる。これはかなり危険な思想だと思うのです。

コモンウェルス論の限界は、人間はみな同じだ。同じように考え、同じように欲望する。同じように行動し、同じように計算し、同じようなものを価値として、同じようなものに関して美を感じるという「共感と理解の共同体」を理想状態に想定してしまうところにあります。ここから「人の身になって考える」という倫理の危険が出てくるのです。

要するに、誰のことでも「わかる」わけですよね。「おまえの気持ちはよくわかる」と。みながお互いに「わかった、わかった」となってしまうわけです。

ということは、自分とは違うような価値観をもっている人間、自分と違う度量衡で世の中の出来事を計量している人間、自分と違う分節の仕方で世界を見ている人間のことがわからなくなってしまうのです。

「違う人間」ではなく「劣った人間」にしてしまう

一八世紀の欧米の近代人はまだ「未開人」については理念的なことしか知りませんでした。しかし、一九世紀になって人類学という学問が出てきて、アフリカやアジアで自分たちとは異質の文化に出会うことになります。そこで近代市民社会論は頓挫してしまいます。市民社会論の前提にあるのは、全員が同じように理解し共感しあう社会なわけですが、目の前にあらわれたアジアやアフリカの「未開人」はかれらの理解と共感を絶していたからです。

そういうときに選択肢は二つしかありません。ひとつは、こいつらは「人外魔境人」だ、人間じゃない、と人間カテゴリーから排除することです。しかし、ヨーロッパ人は「こいつらは人間ではない」という排除の仕方はしませんでした。どうしたかというと、アジア人やアフリカ人を「幼児、低い発達段階にいるヨーロッパ人」だということにしたのです。

明治時代によく読まれたハーバード・スペンサーの『進化論』には、アジア、アフリカの人間は「未だ開かれざる人」であり、そのうち文明の恩恵に浴した暁にはヨーロッパ人みたいになるであろう、と書いてあります。未開であるけれどエイリアンではない。自分たちと同じカテゴリーに属する人間の仲間だけれども、だいぶレベルが低い。そういう説明をしたわけです。

これは人間概念を広くとらえた懐の深い思想のように思えますけれども、そうも言い切れません。というのは、このような考え方をする人は自分たちと「違う人間」を認めないからです。もし自分たちと違う考え方や感じ方をする人間がいたとしても、それは「違う人間」ではなく同じカテゴリーに属する「劣等な人間」に分類してしまうからです。

ですから当時の人類学者は大まじめに未開人＝幼児論を立証しようとしました。アフリカの未開人の身体特徴はヨーロッパの子どもの身体特徴と似ているとか。あるいはパプア・ニューギニアの人の手と足の長さは同じで、これは四つ足で走っていた四足獣のなごりであるとか。すべての人間を連続的な進化の過程に位置づけようとする点ではヒューマニスティックなんですが、同じ尺度で測れるけれど、あくまで自分たちよりも劣等なものとして処理としたわけです。

これがヨーロッパのエゴサントリスム(自文化中心主義)というものです。

よく「自文化中心主義とは、自分たちと違うものを排除し、切り捨てる文化である」と言われますけれど、切り捨てているのではありません。そんなの関係ないよ、知らないよというのならまだいいのです。それを「既知」に還元して、自分たちの文化的な序列のなかに劣等性、幼児性、未開性というラベルを貼って位置づけてしまうのです。

劣等者、幼児、未開人であるからこそ、それを教化訓育して「自分たちのように」してあげるのが文明人の責務であるという考え方がここから出てきます。「すべての人間は生まれながらに平等である」と高らかに宣言する近代ヒューマニズムは、そんなふうにして、自分たちと違う文化をもつ人間を「平等」のものたるべく教化訓育する対象にしてしまったのです。

善意の人には「違い」が見えない

近代市民社会論の達成点は、間違いなくアメリカ合衆国です。自分たちの価値観（それが文明の最高到達点とされています）をあまねく全世界に分かち与え、すべての人間的活動をアメリカン＝グローバル・スタンダードという度量衡にもとづいて「格付け」するという発想がそれです。納得しない人たちに対しては、「わたしたちのやりかたを教えてあげる」と善意から世界各国に教化訓導に赴く。

戦後六〇年間でアメリカが空爆した国は三〇か国といわれています。アメリカ軍の軍事作戦による死者は市民も含めて朝鮮戦争で五五〇万人、ベトナム戦争が二〇〇万人。第一次世界大戦の死者が一三〇〇万人ですから、そろそろ世界大戦レベルに達します。過去六〇年間、アメリカは毎年のようにどこかで戦争をしています。最近でも、ソマリア、ユーゴ、アフガニスタン、イラクなどに軍隊を出しています。このアメリカの世界戦略の根本にあるのは間違いなく「善意」です。世界にデモクラシーと自由主義経済をもたらしたいとアメリカはほんとうに望んでいる。そして、この善意は「自分たちとは違う人間」がいることを認めないことから生まれているのです。

アメリカという国は多文化共生、多文化社会だといわれますが、けっして多文化ではありません。単一文化です。ヒスパニック、アフリカン、チャイニーズ、ジャパニーズ、コリアンといろいろなところから移民がやってきて、文化的バックグラウンドも人種も宗教も美意識も価値観も全然違うエスニックなグループが混在していますが、このエスニックなグループは、それでも「生命と自由と幸福」を追求する権利においては平等とされているからです。

シリコンバレーでビジネスをやっている友人がしみじみと言っていました。

「アメリカという社会には人間を測る度量衡は一つしかない。それはドルだ。これだけ違う人間がひしめいている以上、全員が共有できるシンプルな価値はそれしかないんだ」と。

人間の価値を年収で測ること。このひじょうにシンプルな原理によって、ある種の平等性が担保されていることは間違いありません。現に、それによって多文化の共生が可能になっているのですから。エスニックなグループの人たちがどれほどエスニックに純化してもかまわない。違うことばをしゃべっても、違う宗教をやっても、違う服装をしてもかまわない。けれども、年収で人が階層化されることと、サクセスすることはよいことだということに関してはみなさん同意してください。そのルールに同意した人たちだけをアメリカの市民として認知します。という考え方をアメリカは全世界に広めようとしています。

アメリカ合衆国の上下院議員のなかでパスポートを持っている人は全体の一四%という報道がありました。八割以上の議員は外国に行ったことがない。これはおそらくアメリカには「外国」という発想がないからでしょう。United States の「ステーツ」というのは、どんな英和辞典を引いても原義は「国」です。「国」が五〇あるんです。法律も違う。死刑のある「国」もあるし、麻薬所持が処罰されない「国」もある。そういうそれぞれ別の五〇の「国」が整然と統治されているわけです。つまりアメリカ合衆国の存在そのものが「成功した国際社会」のモデルなわけです。ならば、このモデルが全世界に適用されるのは当然のことです。

いろいろな考え方の人がいるけれども、一つの度量衡を当てはめて全員を階層化してゆけばきちんと統治されるはずだ、というのはアメリカ人にとって理念ではなく、現実の経験から引き出された「常識」なのです。

これが一九世紀の帝国主義、植民地主義の直接的延長にあるアメリカ的なヒューマニズムです。「ヒューマニズム」であることには間違いないのです。

共感不可能性の宣言 ニーチェ

この近代的なヒューマニズムに激烈な反論を加えたのが、かのニーチェです。

養老孟司先生の『バカの壁』がすごく受けましたが、タイトルのなかでインパクトがあったのは「バカ」ではなくてじつは「壁」のほうなんですね。「社会には壁がある。乗り越えられない壁がある」というワーディングが日本人読者の琴線に触れたわけです。

それは、グローバリズムに対する当然の反動です。絶対に理解も共感ができない他者がいる、ということをみんな感じはじめた。これはある意味で健全な反応です。

ニーチェの思想がまさにそうです。ニーチェは人間と人間のあいだの「壁」と「断絶」について語りつづけた思想家でした。「すべての人がお互いに理解も共感も可能である」という近代的なヒューマニズムに反対して、「いやおれは共感なんかしない。大衆に共感なんかできるはずがない」と言い切ったわけです。

次の文章は、ニーチェの『道徳の系譜』からの引用です。大衆は「奴隷」だとニーチェは言います。「奴隷道徳」とは、他人の真似をして、他人と同じように行動し、感じ、他人と共感しあうことを喜びと感じるようなメンタリティのことである、そうニーチェは言っています。

◆奴隷と貴族

奴隷道徳は「外のもの」、「他のもの」、「自己でないもの」を頭から否定する。そしてこの否定こそ奴隷道徳の創造的行為なのだ。［…］奴隷道徳が成立するためには、常にまず一つの対境、一つの外界を必要とする。生理学的に言えば、それは一般に行動を起こすための外的刺戟を必要とする。★06

外側から与えられた刺激に対して反応するもの、それが「奴隷」である。それに対して自分の内側からわき上がる衝動だけに耳を傾けるものが「貴族」であるとされます。

この連中（内田注：貴族あるいは騎士）は、外に向かっては、すなわち異他が始まり、異郷が始まるところでは、放たれた猛獣と殆んど択ぶところがない。彼らはそこであらゆる社会的拘束からの自由を享楽する。彼らは共同体の平和のうちに長らく閉じ込められ、押し込められていたために生じた緊張の埋め合わせを、荒野の中でつける。恐らく、殺戮・焼尽・陵辱・拷問と相継ぐ惨行から平気で意気揚々と引き揚げて行く喜び勇んだ怪物のように、彼らは［…］猛獣的良心の無邪気さへと戻っていく。［…］われわれはすべてのこうした貴族的種族の根底に、猛獣を、獲物と勝利を貪婪に逐い回している金毛獣を認めないわけにはゆかない。［…］獣は再び放たれなければならない。再び荒野に帰らなければならない。★07

すべての人間は平等であるという思想に対して、ニーチェはきっぱりと、「それは違う。支配される

★06 F・ニーチェ『道徳の系譜』，木場深定訳，岩波文庫，1964年，37頁．
★07 同書，41–42頁．

人間と支配する人間は截然と分かたれていて、そのあいだにはまったく共感のできないクレバスが広がっているのだ」と言ったのです。

これはある意味では正しいのです。「クレバスがある」ということは、「階層差は絶対である」ということです。下層の人間は絶対に上にあがってこられない。そこからニーチェ「距離のパトス」という観念を引き出します。自分よりも劣等なものを憎み、軽蔑することを自分自身の気高さの支えにする。変なたとえですけれども、ゲロを吐きながらそのゲロをロケットの噴射器みたいにして空に飛んでいくというのが、ニーチェの超人のイメージなんでしょう。

◆超人と汚物

世界は多くの汚物を生産する。そこまではほんとうだ。しかし、だからといって世界そのものは、けっして巨大な汚物ではない。

世界における多くのものが悪臭を放っている。この事実のうちに、知恵がひそんでいる。嘔気が、翼をつくり出し、泉を求める力を生み出すのだ。★08

これはニーチェのトリッキーなロジックです。自分と違う異種の者に対する嫌悪感で、自分たちのひとつの文明を純化し、自分自身を高めていく。

このロジックはある程度まではつじつまが合っています。たしかに、ニーチェが言うとおり、偽善的で、卑屈で、利己的で、「みんなといっしょ」に右往左往する大衆の姿が醜悪で我慢できないという気持ちはわたしにだってよくわかります。でも、じつはニーチェの気持ちが「わたしにだってよくわかってしまう」というところがくせものなのです。

ニーチェが『善悪の彼岸』や『ツァラトゥストラ』を書いていたころは、そんなことを言っている人はニーチェしかいませんでした。ですから、これは痛烈な文明批評でありえたのです。著作が全然売れなかったので、ニーチェ自身は失意のうちに死ぬわけですが、理論的には批評性を保ち得たのです。

ところが、そのうちわたしのような「ニーチェの気持ちがよくわかる」という読者が続々と登場してくる。ニーチェを読んで、「おお、これはいいことが書いてある」と心酔する人びとがだんだん増えてくる。自分のまわりを見回して、「こいつら、最低の大衆だな」と吐き気を催すような「超人」たちがぞろぞろと出てくる。超人たちが社会の構成員のドミナント(支配的)な層を形成するという皮肉な事態になる。

そんなふうにして、ナチス時代に、ニーチェの大衆嫌悪の超人思想は公認イデオロギーにまで成り上がりました。「低劣な人種(たとえばユダヤ人やスラブ人やジプシー)」に対する嫌悪感や吐き気をバネにして、人格的な向上を果たそうとする人たちばかりになると、どんなことになるか。その惨憺たる結果はみなさんご存じの通りです。

ニーチェがいっぱい

わたしたちの社会は、たしかにニーチェが予言したとおりの大衆社会となりました。

ただし、一点だけニーチェの予言ははずれました。それは大衆自身が「ニーチェ主義者」になってしまった「ニーチェ主義的大衆社会」になったということです。まさかニーチェも、自分の説いた「大衆

★08　F・ニーチェ『ツァラトゥストラ』，手塚富雄訳，〈世界の名著46〉，中央公論社，1966年，301頁．

蔑視」の思想が、これほど大衆社会で「受ける」とは思っていなかったでしょうね。

大衆は大衆が大嫌い。

それが「ニーチェ主義的大衆社会」のきわだった特徴です。

それはテレビのバラエティ番組を見るとわかります。あんなものを心から楽しんで見ている人なんていません。みんなテレビをみながら怒っている。

「バカもん、なんてくだらないことをやってるんだ」と怒っている。

だけど、バラエティ番組というのは、それを見て「くだらん」とテレビをさげすむ視聴者を目当てにつくられているということには、怒っているご本人は気づいていない。「なんと日本のメディアは愚かなんだ。こんなものを見ているやつはバカばっかしだ」と言っているまさに「あなた」のためにつくられた番組なんだということが、ご本人にはわかっていない。

タイムマシンでニーチェが今の日本にやってきたらほんとうにびっくりすると思います。あんなことを書くんじゃなかったよ、と反省すると思いますね、絶対。

一九世紀には、ニーチェしかそんなことを考えていなかった。だから、ひとつの思想として批評性もあったし、思想史的な必然性もあった。しかし、一定程度以上の人がニーチェの思想を受け入れて、それを実践してしまうと、ニーチェの思想の意味は、かれがそこに託していたものとはぜんぜん違うものになってしまう。

これはすべての社会理論について言えることです。

誰かが批評性に富んだ新しい社会理論を提出する。その理論の切れ味がよいと、すぐにみんながコピーをしだす。そのうちにその社会理論が「定説」になり、教科書に採択され、校長先生の訓辞に引用されるようになるころには、その理説のもっていた批評性はもうかき消えてしまう。そういうものです。マルクス主義もフェミニズムもポストコロニアリズムもカルチュラル・スタディーズも、例外ではありません。べつに、それらの理説になんらかの致死的な欠陥が内在的に含まれているからではないんです。ある理論の批評性は、その理論の信奉者が少ないという事実に担保されているんです。だから、その理論が受け入れられ、「政治的に正しい」考え方として学校で教えられるようになると、もうおしまいなんです。

どれほど合理性があり、批評性があっても、社会理論にはかならず「賞味期限」がある。いずれ賞味期限が切れて終わる。超歴史的に、普遍的に妥当するような社会理論なんか存在しないのです。

仲間だけれども理解できない、敵だけれども共生する

倫理も同じ問題をかかえています。「超歴史的に、普遍的に妥当するような倫理」というものを想定したら、その倫理はかならず非-倫理的に機能しはじめてしまう。

同じ倫理的な規定が合理的で実効的である場面と、実効性をもたない場面がある。条件が変わったら、どこかで「書き換え」をしないといけない。この「絶えざる書き換え」という手間が、ぎりぎりのところで倫理の倫理性を担保している。わたしはそういうふうに考えています。でも、それはたんなる道徳的なアナーキズムじゃありません。「普遍的に妥当する倫理がないのだから、人間はしたいことを何でもしていい」ということを言っているのではありません。

普遍的に妥当するような倫理規定は存在しない。けれども、だからといって何をしてもよいわけでは

ない。これが倫理的な考え方というものなのです。

気ぜわしい人はすぐに決めつけたがります。「共同体をつくる相手は、理解し共感できる仲間なのか、それとも理解も共感もできない敵なのか。どっちかに決めてくれ」と言ってきます。それに対して、「仲間だけれど、敵である」という他者についての両義的な定義が、二〇世紀になって出てきた新しい考え方なのだと思います。

つまり、「仲間だけれども理解できない。敵だけれども共生する」ということです。

一九世紀までの社会理論はシンプルでした。隣人愛の思想は、「あなたの隣人は、よくその身になって考えれば理解も共感もできるあなたの仲間だ」と教えていました。でも、二〇世紀の隣人愛はそうではない。あなたの隣にいる人はあなたの仲間じゃない。いくら想像力をめぐらせても、あなたはその人を理解することができない。でも、その人があなたの隣人である。隣人を受け入れなさい。そう教えるのが二〇世紀以降の隣人愛です。

理解も共感も絶した隣人とどうやってコミュニケーションをとればいいのか。それについては誰も教えてくれません。コミュニケーションができない相手とのコミュニケーションの仕方について一般解があるわけがありません。

「こうやれば絶対に他人とうまくいきますよ」という他者とのコミュニケーション、他者との出会いの倫理規定は存在しません。存在しないというより、あってはならないのです。そんなものを想定したとたん倫理は非-倫理的なものに堕してしまう。誰にも妥当できて、どんな場面でも適応できるような「普遍的に正しい他者との接し方」など存在しない。むしろそんなものは存在しないということを思い知った人だけに、はじめて他者と出会うチャンスが訪れる。

敵と共に生きる オルテガ

ある場面において整合性があって正しい理説であっても、一定数以上の人間が採用したり、状況が変わってしまうと正しくなくなることがある。だから、理論の有効期限、賞味期限、地域限定、期間限定についての節度の感覚をもちましょう。ここまでお話ししてきたのは、そういうことです。

二〇世紀に入って、帝国主義と植民地主義の経験から出てきたのは、とにかく自分の判断の普遍性を過大評価しない「節度」をもちましょうという考え方でした。節度を代表する思想家はわたしの敬愛するオルテガです。オルテガは『大衆の反逆』という本を一九三〇年に書いています。

一九三〇年というのがどういう時代だったかというと、ヨーロッパで労働者の社会的地位が急速に向上した時代です。一九三六年にフランスではレオン・ブルムの人民戦線内閣が成立して、このときから「バカンス」という習慣が始まりました。そして、労働者たちが大挙して、これまでかれらの親の世代であれば、見たこともなかったような海や山のリゾートにでかけるようになりました。貴族のオルテガは地中海の瀟洒なホテルで、のんびりと海水浴なんかしながら読書したり知的会話を楽しんでいたのですが、そこにヨーロッパ中から貧乏くさい労働者がぞろぞろやってくる。そして、ブルジョワたちが独占していたホテルやレストランや美しい海岸を汚し回る。

この「貧乏人が土足で人の領域に入り込みやがって……」という恨みはニーチェにも通じているのですけれども、わたしがオルテガは偉いと思うのは、貴族の特権的な快楽を労働者たちまでが真似しだしたのは、貴族であるオルテガとしてははなはだ不愉快であると正直に言ったうえで、これは認めるしかないだろうと結論づけたところです。

つまり、「不愉快な隣人が登場して、わたしとしてはたいへん不愉快である。しかし、この不愉快な隣人を排除してしまったらわたしはもう人間ではない」と考えたわけです。ここがオルテガの偉いところだと思います。

次の引用はオルテガ自身がいわば自分自身に説き聞かせるように、噛んで含めるように言っていることばです。

◆弱い敵との共存

文明はなによりもまず、共同生活への意志である。他人を考慮に入れなければ入れないほど、非文明的で野蛮である。野蛮とは、分解への傾向である。だからこそ、あらゆる野蛮な時代は、人間が分散する時代であり、たがいに分離し敵意をもつ小集団がはびこる時代である。［…］自由主義は［…］最高に寛大な制度である。なぜならば、それは多数派が少数派に認める権利だからであり、だからこそ、地球にこだましたもっとも高貴な叫びである。それは、敵と、それどころか、弱い敵と共存する決意を宣言する。［…］敵とともに生きる！　反対者とともに統治する！★09

「敵はあなたの隣にいる。それは弱い敵である。弱い敵はあなたの隣人であって、あなたはその人を迫害したり排除したり、その人の権利を奪ったりすることができる。けれども、それはしてはいけない」と告げたこれは、二〇世紀で最初の言明です。それまでは「敵はいない。すべての隣人はあなたの同胞である」という観念的なヒューマニズムか、「敵は殺せ」という冷酷なリアリズムか、どちらかしかなかったのです。

あなたの隣人にその人がいることによって、あなた自身の快楽は阻害されている。あなた自身の自己実現は邪魔されている。あなた自身の快適な日々はさまざまなかたちで妨害されている。にもかかわらず、あなたの権利、生命、財産を脅かすその弱い敵と共生しなさい。その人があなたの快楽を減殺し、あなたの自己実現を妨害する権利を守りなさい。

これはキリスト教的な隣人愛とは似ているけれど、まったく違います。キリスト教の隣人愛は根本に、最終的にすべての人間は神の大きな手のひらの上では同じという、均質的な共生集団であるという担保があるわけです。オルテガは、均質性の担保がないところでなおかつ共生せよと教えたからです。

他者とは、わたしと度量衡を共有しないものである　**レヴィナス**

レヴィナスの倫理学はオルテガの他者論と深いところで共鳴しあっていると思います。

あなたの目の前にいる他者はあなたと同じ人間ではない。だから感情移入によって「その人の気持ちになる」ことはできない。その人はあなたを苦しめたり、あなたの権利を奪ったり、あなたの自由を損なったり、ときにはあなたの生命、財産を脅かしたりするかもしれない。けれども、その人となんとか話し合ってやってください。なんとか折り合いをつけてください。かりにその他人が邪悪な人であったとしても、それを「根絶」して、この世界に「最終的な解決」をもたらそうと考えてはいけません。人

★09　J・オルテガ=イ=ガセー『大衆の反逆』，寺田和夫訳，〈世界の名著 56〉，中央公論社，1971 年，442-443 頁．

間は邪悪なものとだって、なんとか折り合いをつけていけるものです。知力を尽くして、その人と共生できる方途を探ってください。

というのが、二〇世紀の他者論の基本的なメッセージだとわたしは思います。

レヴィナスの「他者」の定義は、他者とは「わたしと度量衡を共有しないもの」であるということばに尽きると思います。

他者とは、物を測るときのメジャーが自分と違う人間である。境界線を自分と共有しないものである。

「わたしは大人で、おまえは子どもである」「わたしは文明人で、おまえは未開人である」というときには階層がある。つまりわたしと他者のあいだには「切れ目」があるのです。そして「切れ目がある」ということは「つながっている」ということです。そうですよね。境界線というのは、境界を接しているもののあいだにしか成立しないものですから。「ドイツとフランスのあいだの境界線」は存在しますけれど、「日本とフランスのあいだの国境」というようなものはありません。

他者とわたしのあいだには「切れ目がない」、そうレヴィナスは言っている。他者とわたしはつながっていない。自分たちをひとつの枠組みで位置づけることができない。それが他者である。レヴィナスはそう言っている。それにもかかわらず、そのような他者とコミュニケーションをしなければならない。ここで話がものすごくむずかしくなる。

日本のレヴィナス学者はここから先になかなか進めない。どうしてかというと、そこから先は「ことばの通じない」領域だからです。身体性の水準の話だからです。

コミュニケーションのコミュニケーション

レヴィナスは身体の水準で生起していることをことばで言おうとしている。だからあんなふうにぐちゃぐちゃな文章になるんです。それを頭で読もうとしても無理なんです。いくら哲学史の知識があっても、論理的思考に熟達していても、身体性の水準で起きていることを、言語的な中枢で理解しようとすることには無理があります。

そもそもここで問題になっているのは「ことばが通じない人間とのあいだのコミュニケーション」のことです。メッセージをやりとりすることによって共感したり、ある種の合意に達することができるような関係を想定しているわけじゃありません。対話者のあいだには「共通のもの」がないということが前提になっているのです。人間がつくりだした、いろいろなコミュニケーション・ツールを全部「使えない」という条件を課しておいて、そのうえでなおコミュニケーションすることが可能かどうか、それをレヴィナスは問いかけているのです。

このようなコミュニケーションをレヴィナスは「コミュニケーションのコミュニケーション」と名づけています。コミュニケーションを解錠するためのコミュニケーション、コミュニケーションを立ち上げ、コミュニケーションの回路を開くためのコミュニケーションです。

そのためには「わたしはここにいて、あなたの声を聞いている」というメッセージだけがとにかく伝わればよい。とりあえずは、それができればなんとかなる、と。それはことばのレベルではないわけです。レヴィナスはこの難問を「語ること le Dire（ル・デール）」と「語られたこと le Dit（ル・ディ）」というかたちで言語の活動を二重化することでクリアしようとします。

わたしがあることばをしゃべるとき、それが日本語の語彙や文法に整合していないとしかたがない。相手に通じるかどうかという以前に、自分で何を言っているのかわからないと話になりませんからね。だから、とりあえずわたしは日本語として整合的なセンテンスをしゃべる。けれども、自分がほんとうに言いたいことはことばにできない。だって、自分でも自分が何を言いたいのか、よくわかっていないから。そういうものですよね。わたしたちは一生懸命にしゃべりながら、自分が何を言いたいのかを探り当てようとしているのです。自分が口にしたことばを聞きながら、自分が何を考えていたのかを事後的に知る、という仕方でわたしたちはことばを発しているんですから。

でも、そうやって口にされたことばはつねに「言いすぎる」か「言い足りない」か、どちらかであって、わたしたちが口にしたことばが「ほんとうに言いたいこと」を過不足なくぴたりと言い表すということは起こらない。これはもうけっして起こらない。

ですから、「わたしがほんとうに言いたいこと」というのは、じつは「ことば」にならないんです。「ことばにならない」ものであるけれど、「ことばを呼び寄せるもの」ですね。磁石が鉄の砂を引きつけるように、ことばを呼び寄せる「磁場」のようなものがあって、それがわたしたちの言語活動を起動させている。

この言語を起動させる「磁場」はことばのレベルにはないのです。ことばよりも「ひとつ手前」のレベルにある。わたしが今このことばを発しているときに、わたしのなかで、何かがいま活発に運動しているわけですが、その運動そのものはことばには載せることができない。

前におもしろい経験をしたことがあります。大阪のジュンク堂という書店で、講演をしたのですが、そのときも今日と同じで、その場の思いつきを次々としゃべっていました。そのとき、「決めのフレーズ」をわたしが言おうと思ったときに、熱心な聴衆たちがいっせいにペンをつかんでメモをとりはじめるのです。

わたしがかっこいい「決めのフレーズ」を言い終わったあとに、「ああ、なかなかいいことを言ったなあ、じゃあメモしておこう」というのならばわかるのです。でも、そうじゃない。わたしがまだそのフレーズを言い終わらないうちに、あちこちでほとんど同時に手が動きはじめる。わたしが何を言うのかがまだわからない段階で、メモが始まる。

話の内容を理解してから、これはおもしろいから書きとめておこうというような理知的な行為じゃありませんね、これは。わたしがフレーズを語り終えて、「……だと思います、マル」と区切るより先に、わたしのなかで何かが活発に運動しはじめた気配を察知している。しゃべっているわたし自身が「あ、なんだかこのフレーズはかっこよく決まりそうだな」と思って、ちょっと高揚してくると、その高揚感に反応している。

失礼ですけれど、おそらくそういう方たちだって、そんなふうにしてとったメモを家に持ち帰って、あらためて読み返したりはしていないと思います。ゴミ箱にぽいと捨てたりしているんじゃないかな。でも、それでいいんです。メモの内容に意味があるからじゃないから。

その方たちは、わたしの送った非言語的な信号に反応して、「いま、あなたの発した信号を受信しました」という信号を、ペンをとるという動作を通じて返しているんですから。だから、メモ帳には「へのへのもへじ」を書いていてもいいんです。その人がペンを動かしているということだけで「受信セり」というメッセージがわたしには伝わってくるんですから。

ここで起きているのは言語レベルでのコミュニケーションではありません。言語の「ひとつ手前」の、前-言語レベルにおけるコミュニケーションです。「送受信が成立しています」というコールサインみたいなものです。コミュニケーションというとどうしても、「何を君は伝えたいのか。ことばにしてはっきり言いなさい」と言われるのだけれども、ことばにしてちゃんと言える話ではないのです。

人間は、死んだ者とさえ語り合うことができる

倫理を語るときに、誰も同じものを列挙します。「生命、自由、幸福」です。第一番にくるのは生命です。

自由が損なわれている状態は想像がつきます。金がなくなった状態も想像がつきます。幸福がなくなった状態も想像がつく。身近な人の実例を聞くこともできるし、自分で経験することもある。けれども、生命がなくなった状態だけは感情移入ができない。これはありえないですね、死んでいるんですから。

ところがすべての倫理の第一条は、「生命を奪ってはいけない」なのです。生命を奪われたら「どんな気持ちがするか」がわからないにもかかわらず。人間社会がつくったすべての社会規範は、死んだことの苦しみ、死んだ後の思いを実感することなしには規定できないようになっている。

これは不思議な話ですね。

どう考えてみても死者と共感したり、死者と理解しあったり、死者の体感を追体験したりすることが

できるわけはない。しかし、人間社会の道徳、倫理は、その「絶対にできない死者の体感に共感すること」を基礎にしている。

でも、どうやってでしょう？　死者から「死んだら、こんな気分になるよ」ということばによるメッセージが届くわけではありません。死んだ人から非‐言語的な体感が届くわけでもない。もう死んでしまっているのですから。声も出ないし、鼓動もないし、熱を発しているわけでもない。それにもかかわらず、われわれは死んだ人間からのメッセージを聞き取っているわけです。それを聞き取っているという前提がなければ、人間の社会は成立しない。

つまり倫理を基礎づけるのは、最終的には死者とさえもコミュニケーションできるという人間の本質的な能力にかかわっている、ということだろうと思うのです。

他者とは死者のことです。

人間は死んだ者とさえも語り合うことができます。それは言語の準位ではないし、身体感覚の準位でもない。もうひとつさらに深いところにある回路で起きている出来事です。

人間は死者とコミュニケーションすることができる、あるいは「死者とコミュニケーションできると自分のことを考えた生物を人間と呼ぶ」と定義してもいいと思います。

ご存じのように類人猿と人類がわかれた指標のひとつは、霊長類のなかで人類だけが葬式をしたということです。四万年前に「死の儀礼」をもったことによって、人間は猿から人間に進化しました。ということは、人間の定義というのは「葬礼をするもの」だということです。葬礼をするということは、死者は物体ではないということです。死者は死んで「いる」わけです。まさに、**être mort**（エートル・モール）というかたちで、そこに死んで「いる」。

わたしたちが遭遇するいちばんの劇的な倫理的状況は、自分が目の前の誰かの首をしめてまさに殺さんとしている状況でしょう。そのときにわたしたちは「汝、殺すなかれ」ということばを聞き取る。でも、それはことばではない。それは、死につつある人のさらに「向こう」からくるメッセージなんだと思います。死者からのメッセージ、死につつあるものからのメッセージ、つまりダイイング・メッセージを聞き取る能力が、人間の人間性を基礎づけている根本的な能力だと思います。

その話を次回の死の儀礼の話につなげて考えてみたいと思います。

第5章 死者からのメッセージを聴く

このところ幽霊のことばかり考えています。

ぼくは大学の教師で、曲がりなりにも学者ですから、科学的なことを言わなくてはいけない立場なのですが、そういう身でありながら、むかし香港で「猫の悪霊」に取り憑かれたことがあるし、UFOも見たことがあるという「二大超常現象」の体験者なので、個人的には「現代の科学では説明できないこともさまざまあるだろう」という立場をとっております。ですから、人がいろいろと不思議な経験の話をされても、「そういうことって、あるかもしれない」とほうほうと耳を傾けるというのがぼくの基本姿勢です。

ただ、これを「内田はオカルト好きだから」というふうに括られておしまいにされては困るんです。「科学」と「オカルト」の二元対立、大槻教授とオカルト主義者の対立というのでは、図式としてあまりに不毛じゃないかと思います。そんなところでおたがいに否定しあっていないで、もう少し生産的な議論の場に移りませんかということを今日はご提案したいと思います。

みんな幽霊の話をしている

まじめな顔をした学者たちも、けっこうこっそりと超常現象について研究しているんじゃないかとぼくはにらんでいます。哲学的に深遠な話をしているかのように見せかけておいて、あるいは学術的に合法的なことばと概念を使って、じつは「幽霊の話」をしている人ってけっこう多いぞ、と前から疑っているのです。

たとえば、フッサールという人は現象学というたいへんに厳密な哲学を基礎づけた人ですけれど、この人のいう「他我」というのはどうも幽霊も含んでいるような気がするんですね、ぼくには。

フッサールの「他我」というのはどういうものかということを話し出すと話が長くなってしまうんですが、わりと大事なことなので、一言だけ。

ぼくの目の前に家が一軒あるとします。ぼくはその家の前面を見ています。そのとき、横に回り込むと家の側面があって、さらに回り込むと家の裏側があるということをぼくは「確信」しています。実際には見てないけれど、「確信」している。どうしてそうできるかというと、回り込んで、その側面や裏面を見ている「仮想的なわたし」を想定することができるからです。

その「仮想的なわたし」は、いま家の前で家の玄関を見ている「わたし」ではなく、その想像的な「変様態」です。それが家の横にも裏にも家の中にも空の上にも、理論的には無数にいる。そういう変様態たちが提出してくるこの家についての観察レポートを総合したうえで、ぼくは「わたしが見ているのは、一軒の家の前面である」という判断を下しているわけです。側面や裏面や屋根の内側が「ある」ということについての確信がなければ、自分がいま見ているものが「家の前面」であるということを確信できるはずがありませんからね。

つまり、ぼくがある対象を認識するときには、そのつどすでにこの「無数のわたしの変様態たち」(これをフッサールは「他我」と呼びます)が参加しているということになります。ここまではよろしいですね。

そこで、幽霊の話です。

これはフッサール自身が出している例ですけれど、かりにペストが流行《はや》って世界中のすべての人があなたひとりを残してみんな死んでしまった場合に世界はどうなるか、という問題です。このとき、あなたは「世界は存在する」ということについての確信が揺らぐでしょうか？　たとえば目の前にある家を見て「これはほんとうに家だろうか？」というふうに疑念を抱くでしょうか？

抱きませんね。世界にあなたひとりになっても、「世界が存在する」ということについてのあなたの確信は揺るがない。

では、その世界の最後の生き残りであるあなたが死んだ後、世界はどうなるでしょう？

もちろん存在し続けますね(そのときはぼくもあなたもこの世にいないわけだから、あくまで「想像」ですけど)。

でも、これっておかしくありませんか？　世界が存在することをあなたに保証してくれたのはあなたの変様態である「他我」たちでした。でも先ほど述べたとおり、これは事実的に存在する必要はない。この他我たちはあなたをプロトタイプとする変様態なわけですが、そのもともとのオリジナルであるあなたが死んでしまっても、他我の機能には別に変わりがない。他我たちは、もう誰もそれを必要とする人のいなくなった「世界の存在についての確信」をいつまでも保証しつづけている。

つまり、あなたが死んだ後も、あなたの変様態は生き続けているわけです。

フッサール現象学というのは、こう言ってよければ、現事実的にそこにいない人間の機能についての考究です。だから、ぼくはフッサール現象学は「幽霊学」としても読めるんじゃないかと思っているんです。この考えに賛成してくれる哲学者は日本にたぶん三人くらいしかいないと思いますけど。

ハイデガーの「存在論」もなんだかドイツの大地に根をはった祖霊、ガイストみたいなものに対するこだわりがあるんじゃないかと思います。ハイデガーの話はまたあとでもういちどします。ユングはもっと正直ですね。自分は何百年前の誰それの生まれ変わりだというようなことを『ユング自伝』にぼろりと書いたりしていますから。ユングが学者として今ひとつ信用されていないのは、たぶん「そういうこと」を正直に書いてしまうからでしょうね。

ユングみたいな前例があるものですから、哲学者たちもこと幽霊になるとひじょうに慎重になっています。とりあえず表向きには合法的に学術的に承認されるようなことばづかいをする。しかし、実際にそういうことばづかいで、学術の世界ではタブーになっているような問題、通常は論じることができない問題に触れようとしていることもあるのではないか。

死者の話をダイレクトに論じてはいけないという内々のルールをみんな表向きは守っている。表面的には、けっして「幽霊の話」なんかしない。でも、わかる人にはわかるように書いてある。わからない人にはわからない。ふつうの哲学的な議論、抽象的な議論をしているのだと思って読んでいる人にはわからないけれど、これは「お化け」の話かな、と思って読むとたしかにそうも読める。そういうダブルミーニングで書いているのではないかという気がするのです。

「かれら」とは死者のことである

ぼくが「この人は幽霊の話をしている」と確信をもって言えるのは、ジャック・ラカンです。ラカンの文章は読み通すことができないくらい難解ですから、読みかけて、数ページで投げてしまった方もたくさんいらっしゃると思います。でも、なんでこんなに難解なのか。

難解なのには、たいてい理由があります。それは、「あること」を言わないようにしているからです。その問題のところに来ると、するっと迂回して違うことを言う。絶対にそこに近づかないようにしながら、そのまわりをグルグル回っている。「気がつく奴は気がつけよ」という書き方をしている。だから、こんなにわかりにくくなっているのではないかとぼくは思っています。

そんなとき、シュナイダーマンという人が書いた『ラカンの死』という本を読んだら、ラカンがあるときにセミネールで語ったことばが記録されていました。「わたしがこんなにわかりにくく書くのは、もしわたしがわかりやすくしゃべってしまったら、かれらがわたしを許さないからだ」とラカンは言ったそうです。シュナイダーマンはそれを記憶していた。そのときシュナイダーマンは、「かれら」というのは、フランスの権力や学会や論壇や社会通念による検閲とかそういうことを指しているのだろうと思った。でも、しばらくしてからそうではないということに気づく。「ラカンが『かれら』と言っているのは『死者』のことではないか」と思い至る。

この話はそこでぶつんと終わってしまうのですが、これを読んだときに、年来のさまざまな疑問が腑に落ちた。「そうか、みんなそのことを書いていたのか」と。やっぱりね。

もちろん幽霊について正面切って話す人はいます。村上春樹も浅田次郎も幽霊の話ばかり書いている。でも、それは文学作品だから許されることであって、かりにも学術研究である以上、「死者が迫ってくる」というようなワーディングを無防備に口にすることは許されない。だから、「わかる人にはわかる」ように書く。

おそらく二〇世紀以降、少なくとも欧米の世界では、「死者の切迫」という主題を考察した人たちは、だいたいダブルミーニングで書いている。表層的には学術論文や批評の体裁をとっているけれど、キーワードを別の意味で読むと、まるごと「お化け」の話になる。

どうしてそうなるかというと、「幽霊の話をするもの」というのが、人間というものの、ある意味で究極の定義だからです。人間しか幽霊の話をするものはいない。サルに幽霊はいません。死者が蘇ってくる、死者が存在する気配を感じる、死者からの声が聞こえる、というようなことができるのは人間だけです。人間が他の霊長類と分岐したのは、ほとんどその点に尽きるのです。

埋葬をすることによって人間が人間になった

養老孟司先生と齋藤磐根先生が書いた『脳と墓』という本があります。このなかに、「人を弔う」ことについての一般的な記述があります。まずイントロダクションとして、この記述を今日の話の基本的な共通の了解として共有しておきたいと思います。

◆埋葬の起源

「埋葬」を最初に行なったのは旧人のネアンデルタール人である。もちろん、それより前の原人時代に簡単な埋葬があったとする説もある。しかし、明らかな埋葬とみなせる跡が発見されていない。ネアンデルタール人は中期旧石器時代(一〇万年前)から後期旧石器時代の初め(三万年前)にかけて存在した旧人である。ネアンデルタール人も初めから埋葬を行なっていたわけではなく、七万年前頃からと想定される。これ以前では彼らは死体を遺棄していたか単に食べていたと思われる。[…] 世界中のどの人類でも、およそ社会を形成しているところではどこでも必ず

埋葬を行なっている。★01

「死体を食べていた」というのは、かなり蓋然性の高い話のようです。旧石器時代の遺跡を掘り起こすと頭蓋骨に四角い穴があいていることが多い。諸説ありますが、どうも脳を食べていたらしい。人間の身体は手に入りやすいし、高タンパクの食物ですから。食人の習慣はかなりむかしからあったというのが定説のようです。

今から一〇万年くらい前までは、死体は遺棄されたり、他の動物の死体と同じように食物として処理されていた。そして五万年前後ぐらいから、つまり人間が言語を用い、親族をつくり、宗教が興り、分業が始まり、階級ができ……今日の人間の社会生活の起源となるような制度ができてくるのと同時期に、人類は埋葬というものを開始します。

人間が人間になったことの決定的な指標は、言語の使用でも、親族制度の成立でも、分業の発生でもなく、じつは埋葬を始めたことにある。ぼくはそうにらんでいます。

埋葬とはいったい何なのでしょう?

人間以外の霊長類は埋葬をしません。遺伝子的に人間にいちばん近いのはチンパンジーです。チンパンジーと人間が分岐したのが一五〇万年前だそうですけれども、チンパンジーは埋葬なんかしません。仲間の死体はそのまま遺棄してしまいます。

授乳をしている最中に子どものサルが死んだ場合、母ザルはそれと気がつかずに育てつづけようとすることは見られます。ただ、ある段階まで進むと、物理的に子どもの身体は腐敗が進行して損壊してきますから、そうなると母ザルはそのままゴミとして捨ててしまう。母ザルは捨てた子ザルに対しては二度と関心を示しません。

人間以外の動物にとって、「死者」は基本的にモノです。自分と同種同類のものが死んで、その死体がそこにあっても、生きているものにとって、それは枯葉やセミの抜け殻と同じで、生命を失った有機物がそこにあるというだけのことです。ゴミと同じです。蠅などは、他の生物がまだ生きていても死体とみなして、そこに卵を産みつける。死にかけた動物にはハゲタカやハイエナが寄ってきて、まだ生きているうちから食べてしまう。

死んでいるけど死んでいない

死者が「いる」となぜ言えるのか

埋葬の発生は、では何を意味するのか？

ここからぼくの思弁が暴走するわけですが、それは、世界を「生」と「死」の二つのカテゴリーに分けたときに、その中間に「どちらにも属さないカテゴリー」をつくったということではないかと思います。「生体」と「死体」のあいだに「死者」という、どちらにも属さない第三のカテゴリーをつくった。ちょっと強引ですが、そういう仮説を立てて、話を進めていきます。

「死者がいる」という言い方をぼくらは平気でします。たとえば、第二次世界大戦には五五〇〇万人の死者が「いる」と言います。でも、「死者がいる」という言い方はすでにして変ですね。「いない」から死者なんです。けれど、人間はいないはずの死者を「いる」という動詞で受ける。いないはずのものについて、「死者がいる」という表現をした最初の生き物が人間なのだと思います。

「いるけどいない」「いないけどいる」というこの両義性。「Aであり、かつAでない」という、どち

★01　養老孟司，齋藤磐根『脳と墓Ⅰ』，弘文堂，1992 年，67–84 頁．

らにも属さないもの、名付けえぬもの、カテゴリーに分類しえないもの、何がなんだかわからないものに名前を付けて、「そういうものがいちおうあることにする」というような芸当ができるのが、人間知性のきわだった特徴なのですから。

動物や機械は、目の前に物体をかならず自分がすでに知っている何かと同定します。「これは○○である」と。既存のカテゴリーにうまく収まらないものでも、強引にどちらかにはめこんでラベルを貼る。

ラカンがこんな例を挙げています。月夜の晩に船に乗っていると、暗い海のまん中に何かが浮いている。なんだかよくわからない。そうすると航海士は航海日誌に「何月何日、何時何分、北緯何度、東経何度のところで『なんだかよくわからないもの』を発見」と書く。「意味がわからないもの」は意味がわからないなりに、宙吊りにしておく。

「宙吊りにする」というのは人間の知性だけができることです。動物にはこういうことができない。動物は、海に浮いているものを「何か」に同定せずにはいられない。「同定できたもの」なら、決められたとおりに扱う。「同定できないもの」なら、無視して、視野からも記憶からも消す。既知の何ともに「同定できないもの」を視野にとどめ、記憶に残し、想像的に再生するというようなことは動物にはできません。

たとえば、今日ぼくがしゃべっていることをICレコーダーに録音しておき、あとでパソコンにつないで、音声読取りのソフトにかけると文字として出力されます。ぼくは早口だし、内容もどんどん飛ぶから、機械は話についていけない。でも、機械は「ここでは何を言っているのかわかりませんでした」というふうには対応しない。録音された音は全部無理やりにでも何かの文字に置き換える。日本語として意味をなさなくても、文字に置換してしまう。

ところが人間にテープ起こしをさせると、「何か言ってるけれども、よく聞き取れなかった」というようなところを「ブランクにしておく」という芸当ができる。そして、最後まで講演を聴き終えて、全体の話の流れがわかったところで、「ああ、あのとき話してたのは『あれ』のことか」と納得して、「ブランクにしておいたところ」まで戻って、そこに文字を書き入れることができる。

こういう芸当は、「なんだかよくわからないものがそこにいる」という知的操作をできるものにしかできません。そして、それができるのは人間だけなのです。

葬儀とは、「決着」ではなく「中間」である

この「宙吊りにする」ということが葬儀のどうやら本義ではないかとぼくはにらんでいるのですが、その適例をご紹介します。

メトカーフとハンティトンの『死の儀礼』という古典的な研究の書が挙げている事例です。ロベール・エルツという人類学者が研究したボルネオの二次埋葬について論及したところにこう書かれています。

◆二次埋葬

エルツが論じたのは、死を瞬間的なものとは見ようとしない社会である。[…]この地域では、死ぬべき運命にある者がもはや生きていないけれど最終的には死んでもいないという時期を、多

くの民族が考えている。エルツはこれを「あいだの期間」とよぶ。この期間の終わりには「大祭宴」が催され、そこで死者の亡骸が再びあばかれ、儀礼を受け、新たな葬所に移される。［…］「あいだの期間」においては、死体が崩れ異臭を放つのと同じように、死者の霊魂も宿なしで脅威の対象となる。それはまだ死者の社会に入れないために、人間の居住地の周辺でみじめに過ごしている。霊魂は腹立ちまぎれに悪意を抱き、生きている人間を病気にしたりする。その敵意を和らげるには、手の込んだ規則を守ることが必要とされる。★02

ここで注目すべきなのは、「あいだの期間」ということばです。一般的に葬式とは、その人を死者の世界に送り出す儀礼、封印をしたり、何かに決着をつける儀礼であると考えがちなのですが、ぼくはそれは違うんじゃないかと思います。葬儀というのは、じつは「始まっているけれど、まだ終わらない」というある種の「未完了性」にむしろ意味があるのではないか。

ボルネオでは死んだ後にある場所に死体を置き、何か月か経ってから二次葬送がおこなわれる。そのときに、それまでの期間に死んだ人の死骸を全部集めて燃やして大宴会をやる。生物的に死んでから、儀礼的に死ぬまでの期間が何週間、何か月とあるわけですが、その期間、死者は「死んでいるけれども、死んでいない」という状態にある。

考えてみたらぼくたちのやっている葬式もそうですね。

あれは、「死者を決定的に彼岸へ送り出す」儀礼というよりは、むしろ「なかなか死なせないための儀礼」ではないかという気がするのです。

初七日とか四十九日の法要があります。「四十九日」というのは、仏教の概念で、死者が「死んでいるけれども、死んでいない状態」の期間です。仏教用語では「中有《ちゅうう》」というのですが、これが四十九日間つづいて、四十九日目に法要がおこなわれて無事に仏弟子になって、成仏する。なぜ、死んだ後にすぐに成仏しないのか。なぜすぐに死の儀礼を完了させずに、こんなに引き延ばす必要があるのか。不思議だと思いませんか？

家で親族の誰かが死ぬ。そうするとお医者さんが来て、「何時何分に御臨終です」と告げます。それから何をするかというと、とりあえず暦をみて、「明日は友引だからダメだね。じゃあ告別式は一日先に延ばして……」というような相談をする。葬儀に関しては「前倒し」はないんです。「明日は友引だから、今日これから告別式をやろう」というふうな話には絶対になりません。ぼくたちはこと葬儀に関しては、すべて「先送り」するんです。

最近、「密葬は親族のみにて済ませました」と言って、しばらく経ってから「送る会」を開催するという葬儀のスタイルがはやっていますね。この場合、密葬のときに連絡を受けていない友人知人にしてみると、死者は「送る会」の案内を受け取った日までずっと「死んでいない」わけです。「送る会」というのはまさに二次葬礼ですから、日本の葬式はだんだん「ボルネオ化」してきたのかもしれません。いずれにせよ、こと葬礼に関するかぎり、生者の努力はあげて「死者が完全に死ぬ」までの期間を長引かせることに集中されている。そういうふうに制度そのものができている。

そう考えると、葬儀の本義とは、ロベール・エルツが言ったとおり「あいだ」にあるのではないか。そういうふうに思えてきます。

死者を封印し、境界線の外部に排除するという儀礼ではなく、むしろその前段の、「死者は完全に死ぬまでは、死なない」「死者は完全に排除されるまでは排除されない」ということを強調するところに

★02　P・メトカーフ，R・ハンティトン『死の儀礼』，池上良正他訳，未來社，1996 年，55 頁．

葬儀の本質があるのではないか？　人間の生きている世界と、「人間がけっして触れることのできない世界」の中間に、つまり人間の世界には属していないけれどもなんとなく人間の世界の近くにいて、「人間が踏み込むことのできるような、できないようなあいまいな領域」に死者はいる。そういう「中間状態そのもの」を主題化し、意識化させるための装置として、葬礼というものは存在するのではないか？　なんだか、そんなふうに思えるのです。

　葬儀は「ミディアム medium」、すなわち「中間」「媒介」「メディア」ではないのでしょうか？　何かと何かの中間にあってその二つを媒介すること、それが葬礼というものの人類学的な機能ではないのでしょうか？　中間がなかったら、コミュニケーションは成立しませんから。

いてほしくないからいてほしい

中間領域は両義的

「排除する」ということばを、ぼくたちはふつうに使っていますけれど、よくよく吟味するとなかなか意味がむずかしいことばです。「排除する」とき、ぼくたちはほんとうは排除していないからです。何かを「排除する」というのは、排除して、かつその場に「とどまってもらう」という二重の操作を意味しているからです。

　われわれが排除するものは、じつは「いてほしいもの」なんです。「外部に追い出されたもの」という資格で、「そこにいる」ことが必要なんです。存在しないというかたちで存在する。否定されるというかたちでそこにとどまる。迫害とか排除というのは、本来そういうものなのです。

　これは前に話したニーチェの「超人」概念の矛盾に典型的にあらわれています。ニーチェの「超人」

という概念は実定的なものではありません。「超人」というのは、「人間がサルに見えるような境位」のことです。人間があまりに愚かなので、それを見ると吐き気を催す。だから、人間からなんとか離れて、さらに高みに駆け上がろうとする。その自己超克の運動性をニーチェは「超人」と呼んだ。

でも、「超人」が存在するためには、つねに「超人」が吐き気を催して、「そこから遠ざかることを切望する」ような愚劣で醜悪な存在者が必要になる。超人がその向上心にエネルギーを備給するためには、「サルのような人間」が視界から完全に消えてしまっては困る。だから、「超人」はその人格的浮力を得るために、「人間」を「あっちへ行け」と蹴り飛ばしつづけるのですが、蹴り飛ばすべき「人間」が足下にいてくれないと一歩も進めないという「共依存」関係にはまりこんでしまう。

迫害とか排除というのは、本質的にそういう背理的なものです。「自分たちの世界にいてほしくないもの」というカテゴリーに意味をもたせるためには、「自分たちの世界にいてほしくないもの」を自分たちの世界に「排除しつつ、引き止める」という仕方で確保せざるをえない。ほんとうに存在してもしなくてもどうでもいいものは、人間は迫害なんかしません。そんなものは眼中にない。そもそも意識されません。

人間が葬礼について、さまざま手のこんだ規則をつくっているのは、この中間領域、何ものかを「排除しつつ引き止めるグレーゾーン」を維持するためではないのか、そんなふうにぼくは考えるわけです。

では、この「中間領域」はどんな機能を果たしているのでしょうか？

ポイントは、「中間領域は両義的な場である」ということです。「死んでいるけれども、死んでいない」というように、二つの相反するものが同時にそこに存在するようなあいまいな状態であり、二つの対立する要素が同一物のなかに混在している。

これについてフロイトは「トーテムとタブー」というユニークな死者論のなかで鋭い分析をしています。フロイトの着眼点は、だいたいどんな場合も、ぼくたちにとってごく当たり前に見えることをいぶかしむことから始まります。死者についてのフロイトの疑念は、親しく、愛してきた人が亡くなった後に、人間がその死者の「祟《たた》り」を恐れるという事実に向けられます。近親者が死んだ後、死者が家族のもとに戻ってきて災いをなすという信仰が、世界中のほとんどすべての社会集団にあります。だから、必死に死者がもたらす「祟り」を防ごうとして、人びとは葬儀をおこなうのである、と人類学は説明しています。

でも、この説明には矛盾がありますね。おかしいじゃないですか。ついさっきまですごく仲良くしていた人が亡くなると、どうしていきなり極悪非道なものとなるのか。

ハリウッドのホラー映画がそうですね。ゾンビーというのは、ついさっきまで親子や仲間や恋人だった人です。それがゾンビーになったとたんに、襲いかかってくる。ぼくらはそれを見てケラケラ笑っていますが、考えてみたらとても不思議な行動だと思いませんか？　そこでフロイトは次のように壮絶な指摘をするわけです。

◆自責と悪霊

妻が夫に、娘が母に死別した場合、あとに残された者は、自分の不注意か怠慢のために愛する人を死なせたのではないかという痛ましい疑惑、これをわれわれは「強迫自責」と呼ぶのであるが、こうした疑惑に襲われることがよくある。［…］強迫自責を感じなければならないほど、喪に服する人が実際に死者にたいして責任があるとか、実際に怠慢をおかしたというのではないが、やはり喪に服する人の心に何ものかがあったのである。つまりその人自身にも意識されない願望である。この願望は死を不満とせず、もし力さえあれば死を招きよせたかもしれない。この無意識的願望にたいする反動として、愛する者の死後に自責の念が現われるのである。★03

フロイトは例によって、常識の人を逆なでします。自分の愛する人が死んだときに悲嘆にくれるのは、じつはその人の死を無意識のうちに願っていたからだというのです。必死になって看病して、愛情のかぎりを尽くして看取った。にもかかわらず、なおかつその人のこころになかには、その人の死を願う気持ちがあった。それが強迫自責となって戻ってくる。

死者にたいする感情、これは充分に確証されたわれわれの仮定からすると二つ――情愛と敵意――に分裂しているのだが、この感情が死別のさいに二つとも現われるのである。一方は哀悼の念として、他方は満足感としてである。この二つの対立のあいだには、葛藤が起こらずにはいない。［…］われわれ遺族は死者と縁が切れたことを喜ぶようなことはしない。いや、それどころか死者を哀悼するのである。ところが奇妙なことには、死者は邪悪な魔神となって、われわれが不幸に見舞われれば満足を覚えるのであり、またわれわれに死をもたらそうと努めるのである。［…］内的圧迫をまぬかれはしたものの、実はそれを引きかえに外部からせめたてられることになっただけなのである。★04

★03　S・フロイト『トーテムとタブー』，高橋義孝ほか訳，〈フロイト著作集 3〉，人文書院，1969 年，199 頁

★04　同書，201 頁.

自分で自分を責めるという自責には限界があり、どこかで心身がその負荷に耐えられなくなります。そこで自責は外の世界に投射される。「自分を責めている自分」が分離されて別人格になる。肉親の死を願っていた無意識的な欲望を責める自分が外部に別人格として分離したもの、それが「悪霊」であるということです。次もフロイトです。

◆悪魔と祖霊

ヴントはいう、「世界各地の神話が悪魔のせいにしている諸作用のうち、まず圧倒的なのは有害な作用である。したがって諸民族の信仰においては、明らかに悪い方の悪魔が善意の悪魔より古いのである」と。さて、一般に悪魔という概念が死者とのきわめて重要な関係から得られたのだということは、いかにもありそうなことである。この関係に内在するアンビヴァレンツは、人類のその後の発展過程において、同じ根源から二つのまったく相反する心理的形態を生じさせた、ということのうちに現われている。その一つは悪魔や幽霊にたいする恐怖であり、もうひとつは祖先崇拝である。[…]はじめ悪魔として恐れられた霊魂が、いまやもっとも親しげな使命をになうことになり、祖先として崇められたり、助力を求めて呼び出されたりするのである。★05

ご存じのように、わが国の神社というのは、徳のある者だけが祀《まつ》られているわけではありません。祭神のかなりは悪鬼のたぐいですよね。たとえば菅原道真は太宰府で平安京を滅ぼしてやると怨念を残して横死したので、その祟りを恐れた人びとが天神さまを祀った。平将門もそうですね。将門は歴史上ほとんど最強の「逆臣」ですけれど、将門を祀る神社は神田神社をはじめ日本各地にあります。

日本の神社の信仰対象の多くは祟りをなすものです。自分たちに災厄をもたらすものを崇拝の対象としておいて、そのうえ私的な利益や幸福のために逆に悪霊を呼び出して功利的に利用しようとしている。考えてみたら、天神さまに初詣に行って大学合格祈願なんかするのは、とんでもない話なんですよ。相手は化け物なんだから。

靖国神社にA級戦犯が合祀されていることを「けしからん」という人がいますけれど、そういう「正論」は神社本来の機能に即して考えたら、変ですよね。A級戦犯というのを「日本に災厄をもたらした悪鬼のたぐい」だと考えると、その悪霊たちが未来の日本に祟りをなさないようにあそこで鎮めているのである、というのは筋の通った考えですから。でも、靖国神社の国家護持を主張する人も、首相の公式参拝に反対する人も、そういうふうな考え方はしない。ぼくならそう説明しますけれどね。神社仏閣はほんらいは邪悪なもの災厄をなすものを鎮めるための装置なんだから。

死者という矛盾、死者という保留

ごらんのとおり、ぼくたちが霊とか死者について与えている基本的な性格規定は、矛盾しています。愛する親族がゾンビーになって逆襲してくるかと思うと、危険きわまりない悪霊が信仰の対象としてあがめられる。

こういうふうな矛盾があるときに、「矛盾していて気分が悪いから、どちらかに片づけて、話を簡単にしろ」というふうに考えてはいけません。二項対立があるときには、何と何が対立しているかではなく、どんなふうに対立しているのか、その力動的な構造を見よ、というのが構造主義の教えです。大切

★05　フロイト前掲『トーテムとタブー』，202–203頁．

なのは、二つの対立するものを一つの概念の内に押し込めることで、そこで構造的に生じる不安定がどのような社会的機能を果たしているか、それを見ることです。

人間の知性は、カテゴライズできないものを「カテゴライズできないもの」というふうに暫定的にカテゴリライズして「しのぐ」ことができる。そういう能力を備えているということだと先ほど申し上げました。どうして、そういうことをするかというと、人間がいちばん真剣に考えるのは「カテゴライズできないもの」についてだからです。

人間というのは、きちんと理解してけりがついた問題については考えない。人間が考えるのは、つねに片づかない問題についてだけです。われわれは大事なことをこそ、「片づかない問題」というカテゴリーに放り込むのです。そしてたえずそれを意識の前面に置くようにしていく。ちょうど、やりかけの仕事をパソコンの「デスクトップ」のいちばん目立つところに置いておくようなものです。

たとえばぼくが、みなさんの関心を引きつけて、知的なテンションを上げようと思ったら、あまりわかりやすい話をしてはいけない。何を言っているかまったく意味がわからないというのでも困りますが、「Aであるけれども、Aではない」というような矛盾したことを言い出すと、みなさんの知的テンションはぐっと上がる。人間はそのようにプログラムされているわけですよ。矛盾した命題を示されると、知性の活動が急に活性化する。

「みなさんはわたしの話をよくご理解くださっている」と言ったって、それでみなさんの注意を引きつけることはできない。「みなさんはわたしの話をまるで理解できていない」と挑発すれば、少し注意が高まる。でも、いちばん効くのは、「みなさんはわたしの話を理解しているようで、じつは理解していない」です。こういう両義的命題はいきなり「デスクトップ」にぽんと置かれるのです。

養老孟司さんは、「人間が死者ということを概念化できたのは脳がでかいからだ」と言っておられますが、進化の結果、人間は「死者」という概念をつくりだしたのか、それとも「死者」という概念をつくりだすために人間は進化したのか、「鶏が先か卵が先か」、この順序はわかりません。でも、「死者」という概念を得たことで、人間は「解決できないこと」を考えるという習慣を身につけることになり、それがそれ以降の爆発的な脳の進化に関与していたことは間違いありません。

「知性」とは、結論が出ないことに耐える能力である

ご存じのように、ユダヤ人は世界一優秀な民族であると言われています。それはべつに神話じゃなくて、統計的にも証明されています。全世界に六二億人がいるなかで一五〇〇万人くらいしかいないのに、過去のノーベル医学生理学賞の四〇％、物理学賞が二五％はユダヤ人が受賞している。六二億人のうちの一五〇〇万人、一％にも満たない民族集団が集中的にノーベル賞を取るというのは、確率的にはありえないことです。ユダヤ人というのは生物学的カテゴリーではありませんから、脳の組成がぼくたちと根本的に違うということはありえない。ということは、ユダヤ人たちが継承している民族文化のなかに、「脳を活発に動かす」ようなOSがインストールされていると考えるしかない。

ユダヤ人と話すとすぐにわかるのですが、かれらは「話を閉じる」ことを嫌います。よく「ユダヤ人は質問に対して質問で返す」と言われますね。質問に対して相手があらかじめ予想している回答群のなかから選択することを潔しとしないという知的習慣はユダヤ人にあきらかに継承されています。問いかけに対して、「どうして、あなたはそのような問いをするのか？」というかたちで、問いかけるものの自

身の足下を脅かすような反問が帰ってくる。だから、ひとつの論件に関して、なかなか決着がつかない。

ユダヤ教の聖典に「タルムード」という書物があります。これは律法学者(ラビ)たちの代表的な議論を採録したものですが、ひじょうに変わった本です。渦巻き型に版が組んである。中央に「ミシュナー」という紀元二世紀ごろに成立した古いテクストがある。そのまわりに「ゲマラー」という紀元五世紀ごろに編纂されたテクストがある。さらにそのまわりに歴代の解釈者たちのテクストが配列される……というふうに、あるひとつのトピックに対して、それに関する解釈や議論が渦巻き型に、つまり「オープンエンド」に印刷されているのです。ページをめくっていけば、ある宗教的なトピックに関する歴代のラビの代表的な解釈と議論をすべて読むことができる。

だからタルムードは完結しないんです。いまも増殖している。新しく増補改訂版が出るたびに、それまで採録されていなかったラビたちの解釈が採択される。たとえば、最近になって一八世紀ごろのラビの解釈がタルムードに書き加えられる。議論がおこなわれてから二世紀経ったので、「このラビの説はもう定説として定着したとしてよろしいであろう」ということについてユダヤ人社会全体での合意が成ると、タルムードに追加される。

そんなふうにして、増殖していく教典なんです。ふつう宗教の教典は閉じているのですが、タルムードは開いている。エンドレスに、スパイラルに広がっている。これがユダヤ教という宗教のユニークさです。

おそらくユダヤ人は子どものころからこの思考のスタイルを刷り込まているんだと思います。つまり、「結論を出さないこと」に対する知的耐久力を育成されている。「話を簡単にして、結論を出したい」という欲望を自制して、結論が出ないことに耐える。結論が出ないことに耐える能力こそが知性である、というふうにたぶん教え込まれている。だから、安易な結論が出そうになると、わざと話を複雑にして、結論を先延ばしにする。知的な活動というのは、そういうものだと思っている。

ナチスドイツによるユダヤ民族六〇〇万人の虐殺という出来事がありましたが、あの作戦は「最終的解決」と呼ばれました。けっして「最終的解決」を与えてはならないと教えるユダヤ文化を殲滅《せんめつ》しようとした政策が「最終的解決」というのは、じつに「適切な」ネーミングだったということになります。

フロイトも、問題が決着してそれが常識に登録されるたびに「そうですかね、こういう解釈もあるんじゃないですか」と言って、いったん落ち着いた話をひっかきまわすようなことをする。そういうふうに挑発しながら、たえず人間の知性を活性化させつづけようとする。そういう呼吸をフロイトはじつによくわかっています。けっしてすべてをきちんと分類整理して、全体性のうちに統御してしまわない。かならずどこかに「ドア」を開けておく。そうすることが必要だということをフロイトはわかっているんです。

チンパンジーと人間の進化の違いは、要するに思考の「仕方」の違いだと思います。人間は脳が大きくなったので、いろいろなことを考えるようになったという順序ではありません。そうではなくて、人間は脳がどんどん大きくなるような仕方でものを考える。あるいは、脳がどんどん大きくなるようなものの考え方をどこかで発見した、ということです。そして、脳が大きくなるような思考方法とは、ユダヤ人の例を見るかぎり、どうやら結論をなかなか出さないで、いつまでも論件をペンディングにしておくような思考方法のことのようです。

脳というのは、先ほども申し上げましたが、比喩的にいえばパソコンの「デスクトップ」のことです。仕事の処理が終わってしまったら、情報はファイルされてハードディスクのどこかにしまい込まれてしまう。そして、よほどのことがないと、もうそんなファイルをつくったことさえぼくたちは忘れてしまう。でも「処理できない仕事」はいつまでもデスクトップの上に残っていて、朝起きてパソコンを立ち上げるたびに目に入る。「ああ、そういえばこの仕事まだ終わってなかったな」ということに毎日気づかされる。そういう「未処理問題」がどんどん増えていくと、デスクトップがいっぱいになってしまう。デスクトップの容量を増やさないと追いつかない。しかたなしに、ほかのところに使っていたメモリーを回してデスクトップの処理能力を上げようとする……。

たぶん人間は、「問題に決着をつけないでペンディングにしておくと、デスクトップが広くなる」ということを進化のどこかの段階で発見したのでしょう。そして、その決定的契機は人間が「死者」という概念を発見したときに訪れたのではないかとぼくは思うのです。

ただ交換がしたかっただけ
沈黙交易という究極のコミュニケーション

埋葬が始まったのは、ネアンデルタール人の末期の約五万年前のことです。「旧人」ネアンデルタール人から「新人」クロマニヨン人が出現するのとほぼ同時期に当たります。その切り替えのときに、もうひとつ「あること」が始まります。ネアンデルタール人がしなくて、クロマニヨン人だけがしたこと、それは「交換」です。

ネアンデルタール人は基本的に交換をしないで、自分たちの身の回りにある物を使って暮らしていました。ところがクロマニヨン人になると、たとえば内陸部の遺跡から海岸の貝が発見される。海岸から一〇〇〇キロ離れた内陸に貝があるはずはない。ということは、海岸にいたクロマニヨン人とその近くの集落にいたクロマニヨン人が貝と何かを交換をして、その貝をまた隣接するクロマニヨン人が交換して……という連鎖があったということです。

レヴィ゠ストロースは「人間は三つの水準で交換をする」と言っています。ことばの交換(言語活動)、財の交換(経済活動)、女の交換(親族組織)——人間の活動の本質はすべて交換であるとレヴィ゠ストロースは『構造人類学』で述べています。

「人間は交換するものである」ということはよくわかります。では「交換」とはそもそも何なのか？　交換のいちばん起源的なものは「沈黙交易」です。どの共同体にも属さない「ノーマンズランド」no man's landに、ある部族の人間が何かを持っていって、置いて逃げていく。すると別の部族の人間がやってきて、相手がいなくなったのを見計らってから、それを持って代わりに何かを置いて、また逃げてしまう。

通常の社会科の教科書では、「沈黙交易から始まって、その後で人間はしだいにことばを交わしたり、実際に接触して交易をするようになりました」と書いてあるのですが、そういう説明でいいのかな、とぼくは疑います。というのは、沈黙交易こそが交換の純粋な本質をあらわしているように思えるからです。むしろ、それ以後の「合理化された」交換様式のほうが沈黙交易の堕落した形態にすぎないということはないのでしょうか？

「山に住んでいる人は野菜が余ったので、海の人は魚が余ったのでそれらを交換した」とも社会科の教科書には書いてありますが、そんなことほんとうにありえるんでしょうか？　「山の人は魚のタンパク質が欲しくて、海の人は野菜の繊維質が欲しかった」なんていう栄養学的説明をぼくは信用しません。だって、山の人は魚なんか食べたことがないんですから。食べたことがないものを「欲しい」なんて思うはずがない。

構造主義的に考えれば、図式の上に「何が」乗っかっているかを見てはいけないのです。交換された「もの」の経済的価値や有用性なんかで説明してはだめなんです。そうではなくて、交換という行動そのものを見なくてはいけない。

クロマニヨン人たちは、おそらくただ交換がしたかっただけなんです。だから交換するものなんか、なんでもよかったんです。とにかく何か持っていってそこに置いて、そのかわりに何かを持ってくる。置くのは貴重品であるわけでもないし、取るのはぜひともそれが欲しいものでもない。そこらにあるものなら何だっていいんです。ともかく「やりとりをする」ということが、交換の本質なのですから。

だから交易は本来「沈黙」のうちになされるものなのです。ことばを交わさない。姿を見せないで、それが何を意味するのか、どういう価値があるのか、なんの有用性があるのかが「わからない」ようなものを交換すること、それがおそらくは交換の起源的な形態だったとぼくは思います。というのは、ことばを交わすことがなく、姿を見せることがないものともわれわれは交換することができるという、その能力を検証する機会を与えるのが沈黙交易の人類学的な意味だからです。

だとすれば、ここでぼくたちは「交易と葬式とがほとんど同じ人類学的機能を果たしている」ことに気づくことになります。

ことばが通じない人間と、無価値なものを交換したい

沈黙交易の起源において、交換当事者のあいだに、交換されるものの価値や有用性についての共通認識があったはずはありません。だって、見たことも触ったこともないものが置いてあるわけですから。「これはいったい何なのだろう。よくわかんないなあ。でも、とりあえず持っていくことにして、代わりになんでもいいから置いておこう」というように、沈黙交易は始まったはずなんです。

どうして交換するかというと、とりあえず交換が成立するとなんだか「愉しい」からです。人間には交換という行為それ自体に強い愉悦を感じる能力が備わっている。その能力こそが人間の人間性を基礎づけている、ぼくはそういうふうに考えています。そして、ここで大事なことは、声も聞こえない、姿も見えないものとも交換ができたという事実です。

ぼくたちは因習的に「相手のことばが理解できて、姿が見えると理解ができる」と考えがちですけれど、これはおそらく話が逆なんです。ことばが聞こえず、何を言っているかもわからない、姿も見えない。でも、そんな相手とさえも交換ができる。だとすれば、もう誰とだって交換できるじゃないか、というふうに推論を進めるための、これは仕掛けなんです。

だから、「経済的価値」という概念そのものも交易の「後に」なって発生したものに違いありません。経済的価値の高いものというのがどういうものか、その本質規定を考えてみてください。それは要するに、「交換を加速するもの」でしょう? より多量の、より高頻度の交換を励起するものをぼくたちの社会は「経済的価値のあるもの」と呼んでいる。経済的価値があるから、交換されるんじゃありませ

ん。交換を促すから経済的価値があるとみなされている。ことの順逆を間違えてはいけません。貨幣はマルクスによれば究極的な商品ですけれど、貨幣の商品性格は「誰かが何かと交換してくれないかぎり無価値である」ということに尽きます。紙幣なんかいくら持っていても、なんの役にも立ちません。鼻もかめないし、メモ用紙にもならない。だから、紙幣を持っている人間はできるかぎり早くそれを別のものと交換しようとする。少しでも早く交換をおこなうように人間を仕向ける心理的圧迫の強度が経済的価値を構成する。

ぼくが一円玉を持っていても、それを早急に何かと交換しようとは思わない。引き出しの奥に転がしておいても、べつに心理的圧迫なんか感じません。でも、うっかり宝くじで三億円当ててしまうと話が変わる。居間の隅にジュラルミンケースいっぱいの一万円札の束があると、もう心配でいてもたってもいられない。泥棒が入ったらどうしよう、火事になったらどうしようと、落語の『水屋の富』で千両箱を引き当てた水屋の兄ちゃんみたいに気になってしかたがない。仕事にも行けないし、買い物にも行けない。一日中三億円をひしと抱きしめている。しかたがないから、「とりあえず銀行に預けよう」ということになる。

これはすでに交換ですね。紙幣と通帳の上に印字された「数字」をぼくは交換したわけです。

銀行に預けられたぼくの三億円は、そのまま金庫に転がしておいてもしかたがないから、さっそく運用されて別の人に有利子で貸し付けられる。借りた人はそれで何かビジネスを始めようと、すぐに部屋を借りて、パソコンを買って……というふうに、ぼくが「いてもたってもいられなかった」せいで、いろいろな交換の運動が始まるわけです。

つまり一円玉と三億円では、それを所有しているときのぼくの「早くこれを何かと交換せねば……」

という心理的な焦りの切迫がまるで違うわけです。一円玉よりも三億円のほうが「交換へ人間を差し向ける切迫の強度」が三億倍高い。この強度をしてぼくたちは「経済的価値」と呼んでいるわけです。起源にあるのは、「交換への切迫」であって、その切迫の強度がそこで交換されている財貨やサービスの価値を考量するわけで、商品そのものの具体的な有用性が価値を構成しているわけではありません。

五万年ぶりの沈黙交易

ケータイ、ネットにはまるわけ

だから、最近よく「ケータイ文化論」などと言われますが、沈黙交易のことを考えたらケータイ文化が繁昌するのは、当たり前ですよね。

「だいたい最近の若い人は顔も見ないでケータイでやりとりして、『元気?』『はーい?』とか意味もないことをやりとりしているけど、バカじゃないか」なんて言う人がいますが、バカはそちらでしょ(笑)。

ケータイでのメールのやりとりなんて、まさに沈黙交易そのものなんですから。姿は見えない、文字が見えるけれど、それもさまざまな絵文字とか符号を使って、わざとわかりにくく書いてある。そこで交換されるメッセージだって、まず情報としてほとんど無価値なものです。学生たちが休み時間にやりとりしているメールなんて、「いま教室行く途中、廊下歩いてる」なんてものですけれど、そんなの三〇秒後にはわかることなんだから、わざわざメールするなよと思いますけれど、彼女たちにしてみたら、メッセージの内容が無意味であればあるほど、交換行為としては純粋だということが直感的にわかっている。

無価値なものの交換のほうがコミュニケーションのかたちとしてはむしろ純粋なんです。だからみんながケータイにどっぷりはまるのは当たり前なのです。なにしろ五万年ぶりの「沈黙交易」なんだから。

ルネサンスのころからの「大航海時代」にヨーロッパの人たちは、どんどん交易圏を広げていきました。その理由として「産業が発達して商品や労働力が余剰し、商品販路の拡大のために海外に進出した」なんていう市場経済的な説明がされることがありますけれど、ぼくはそんなの信じません。そんなことあるはずがない。

ヨーロッパで商売やっているうちに、どこでもことばが通じるようになり、どこでも同一の商品に同一の経済的価値が認められるようになって、みんな飽きてきたんです。そしてまたむかしながらの沈黙交易がやりたくなったんです。ことばが通じない相手と、無価値なものを交換したいという欲求がふつふつとたぎってきたんです。

ろくな航海技術もない時代に、海図にもない土地をめざして航海にでかける人間のモチベーションが「金が欲しい」というような通俗的なもので尽くされるはずはありません。命がけなんだから。ヨーロッパはもうどこでもことばが通じちゃうから、「ことばが通じない人間と会って、交換をしたい」と思ったんです。これはほんとうです。歴史学者は誰も支持してくれないでしょうけれど、ぼくは確信があります。

大航海時代、ルネサンスというのは「人間の再発見」の時代ですね。そのときのヨーロッパの人びとはもう一度「人間とは何か?」という問いをまっすぐに見つめたのです。そして、人間の人間性の起源、つまり、「ここが人間の出発点で、そこからこっちが人間で、あっちがサル」という境界線はどこかということを確認しようとしたのです。

その知的探求が沈黙交易の欲求の亢進と結びついたというのは、考えてみればきわめて自然なことです。交換を通じてはじめて人間は自分が人間だということがわかるんですから。「人間とは何か？」という根源的な問いへの回答を求めて、大航海時代の人びとは海に出ていったのはまことに理にかなったことなんです。

インターネットで物を買うというのも、一種の沈黙交易じゃないかと思うことがあります。インターネットで買うと、割高なんだけれども、ついつい買ってしまう。本屋さんに行って買えばいいのに、ついついアマゾンで買ってしまう。チャカチャカとキーボードをたたくと、翌日に宅急便の人が来て、「はい」と本を置いて帰る。これがすごく気分がいい。どうして気分がいいかというと、この取引が限りなく沈黙交易に近いから。

考えてみると、「アマゾン・ドットコム」という名前もすごいと思いません？　なんで「アマゾン」なんですか？　未開の奥地、「闇の奥」じゃないですか。べつに「ニューヨーク・ドットコム」でもなんでもいいわけなのに。

たぶん会社を創立した人はマトグロッソの奥地でおこなわれている交易の形態をふっと想像したんじゃないかな。「アマゾン」は在庫を持たないわけですから、古典的な意味での会社としてのリアルな実態がないわけです。たぶん、どこかの大都市のどこかのビルに、インターネットで来たオーダーを本屋に転送するだけのサーバーがずらりと並んでいるだけなんでしょうけれど、その想像上の風景が、数万年前にクロマニヨン人たちが最初の沈黙交易の品物を置いていった、「ノーマンズランド」の「木の切り株」みたいに思えてくるんです。ぼくの妄想ですけれど。

一三〇〇万人の戦死者をどう弔うか
第一次世界大戦後の失敗

先ほどシュナイダーマンの話をしましたが、次の引用がジャック・ラカンのセミネールをシュナイダーマンが聴講したときの印象を語った文章です。

◆死者の切迫

戦争で殺された死者たちの幽霊の存在が生き残った者たちの精神生活の重要な要素であるというのは過言だろうか。私はかつてあるセミネールでラカンが言ったことばを覚えている。彼のエクリチュール、彼が自分を表現するときの謎めいた方法は、もし彼がそれ以外の話法で語ったならば、「彼ら」(they)が彼にもう話すことを許してくれなくなるだろうから、この語法で語るしかないのだ、ラカンはそう言ったのである。そのとき、彼がいったい何の話をしているのか私には見当もつかなかった。セクシュアリティは欧米諸国ではもう日常的な事実となっており、性的なほのめかしや言及が渋面で迎えられるような雰囲気ではもうなくなっているのに。しかし、あのときラカンはおそらく死者について考えていたのである。生き残った者たちの精神に取り憑きつづける幽霊について考えていたのである。★06

ラカンのいう「他者」というのは「死者」のことであると言い出したのは、たぶんこのシュナイダーマンが最初です。この点についてはまことに卓見というほかありません。

でも、ラカンやレヴィナスがなぜ幽霊について考えたのかは、歴史的事実を考えるとそれほど意外でもないんです。ラカンは一九〇五年生まれ、レヴィナスは一九〇六年生まれなのですが、この年代の人たちというのは、大戦間期に二十代を過ごしているからです。第一次世界大戦が終わってから第二次世界大戦が終わるまでに、多感な人格形成期を過ごしている。ロシア革命、大恐慌、ファシズムという激動の時代です。

その大戦間期の人びとにとってもっとも緊急な思想的課題は「人類史上最大の死者をどう弔うか」という問題でした。第一次世界大戦では、一三〇〇万人の死者が出ました。ヨーロッパ北西のごく狭いブロックで戦闘がおこなわれ、そこで一三〇〇万人が死んだ。歴史上はじめてタンクや航空機や毒ガスが使われ、狭い地面の上に死体が幾重にも折り重なるように死んだのです。

それまで人類が経験した戦争のうちで、最大の戦死者を出したのはナポレオン戦争です。一七八九年から一八〇四年まで十数年かけて、ヨーロッパ全体で四〇万人が死にました。第一次世界大戦直前の戦争は一八七〇~七一年の普仏戦争で、フランスとドイツのあいだで戦われたこの戦争での死者は二五万人です。それがいきなり一三〇〇万人。同じ独仏の軋轢《あつれき》を軸とした戦争であったにもかかわらず、戦死者数はいきなり五二倍になったのです。

「戦争と殺戮の二〇世紀」とぼくたちは常套句のように口にしますが、それは、そのあとさらに数千万人の死者を出した第二世界大戦とその後の相次ぐ戦争やテロを経験したせいで、死者数の大きさに麻痺してしまった時代だからいえることであって、大戦間期のヨーロッパ人が一三〇〇万人の死者を目の前にしたときの「前代未聞」の困惑というものをぼくたちの今の感覚から類推することは簡単にはできません。強いて類推するとしたら、「直前の戦争の死者の五二倍の戦死者を数えた戦争」を想像してみ

★06 S. Schneiderman, *Jacques Lacan: The death of an intellectual hero*, Harvard Univ. Press, 1983, p.175.

てください。

大戦間期のヨーロッパ人たちは死者を弔うためになんとかしなくてはいけないと必死になって考えました。けれども、何も思いつかない。そしてけっきょく、ナポレオン戦争のときにヨーロッパ諸国がやった鎮魂の儀式を繰り返した。つまり死者を、「護国の英霊」として弔うことにしたのです。巨大な慰霊塔やモニュメントをつくって、そこに英霊たちを祀った。「きみは護国の英霊である」と死者を賛美することで一三〇〇万人のおとしまえをつけようとした。

けっきょくそれが全部裏目に出て、「英霊たちの無念をはらさなくてよいのか」という情緒的な動機づけで、また戦争が始まってしまいます。でも、そんなの考えてみれば、当たり前のことです。英霊を賛美しているかぎり、「このままでは英霊が浮かばれない」という好戦的な動機を沈静化できるはずがないんですから。

「死んでいるけど死んでいない人」の声は、「聞こえるけれども聞こえない」

わずか二〇年の短いインターバルで第二次世界大戦が始まり、今度は推定で六〇〇〇万〜七〇〇〇万人、第一次世界大戦の死者のさらに五倍の死者を出すことになる。ドイツ軍が殺した人が五五〇〇万人、それに連合軍の殺した数が加わり、さらに日本がアジアで殺した人が二〇〇〇万人ですから、トータルでいったいどれぐらいの数なのか正確な統計はありません。

第一次世界大戦の一三〇〇万人の葬礼の失敗によって、二〇年後にそのさらに五倍の死者を出した。それが二〇世紀の最大の悲劇です。いわば、第一次世界大戦の死者を正しく葬儀しなかったために恐るべき「祟り」が人類を襲ったわけです。

ですから、第二次世界大戦のあと、ヨーロッパの知識人たちは深い混乱のうちに落ち込んでしまいます。ふたたび、大量の死者の霊を弔わなければならない。けれども、一九一八年と同じ方法でやったら、また同じ災厄を招き寄せることになるかもしれない。だから、同じ葬礼を営んではならない。ヨーロッパ文化が継承してきた伝統的な死者の送り方はもう使えない。キリスト教的ヨーロッパが二〇〇〇年間にわたって培ってきた鎮魂葬送のノウハウはもう使いものにならない。せめて第二次世界大戦の死者だけは、正しく弔って、戦後の世界に災厄をなさないように鎮めなければならない。これが、戦後ヨーロッパ知識人の喫緊《きっきん》の政治的・思想的課題だったわけです。

ハイデガーの『存在と時間』は一九二七年の本ですが、先ほど申し上げたように、これは死者論としても読むことができます。幽霊をどうやって鎮魂するかという話です。そのことが当時の思想家にとって死活的に緊急な主題だったから、そう読めて当然なんです。

『存在と時間』が「死」の問題を扱っているということには誰も異論がないのに、「死者」の問題を扱っているというと、みんな意外な顔をするというのは、まことに奇妙なことだと思います。書かれた時代における最優先の思想的課題を勘案したら、ハイデガーが「死者の鎮魂」というテーマをまったく配慮しない哲学書を書いたと考えるほうがむしろ変でしょう。ハイデガーは、ナポレオン戦争の戦後と同じく、死者たちを「大地の霊」にすることで鎮めようとして、結果的にはナチズムと親和してしまう。存在論は葬礼のための語法としては破産してしまうわけです。

だから、ラカンやレヴィナスのように第二次世界大戦後の思想的な活動を始めた人たちは、ハイデガーに代表される「ヨーロッパ的な主体」による葬礼を否定していくことになります。「あなたたちにはもう喪主は任せられない。これから後の葬儀は、わたしたちが仕切る」ということです。

結論からいえば、何十万人の死者を正しく鎮魂して二度と災厄を出さないようにするためにかれらが選んだのは、人間が人間になった起源の瞬間にもう一度立ち戻ることでした。つまり、人が人を弔うときの基本的なマナーをもう一回蘇らせる。それは、「死者は死んでいるけれども、死んでいない」「死者は自分たちに語りかけている、けれども、そのことばは聞き取れない」という、旧石器時代に埋葬が最初に始まったときの始原の機能を思い出すことでした。

死者の代弁をしてはならない

『エクリ』の冒頭にあるので、知っている方も多いと思いますけれども、「発信者は受信者から、自分が出したメッセージを逆向きで聞く」。ラカンはそう書いています。

ラカンはあらゆる機会をとらえて、「あなたがたは〝他者〟のことばを少しも聞いていない」ということを繰り返し、聴衆に向かって説きつづけました。

「あなたがたが聞くのは、あなたがたが聞きたがっていることだけだ。あなたがたは自分が思っていることを自分自身に向かって、たとえば『ラカンはこう言った』として言い聞かせているだけなのだ。その言明はわたしラカンがいま語っているこのことばにも適応される。だから、いまわたしのこの本を読んでいるあなたも、わたしからのメッセージだと思って、自分が発信したメッセージを逆向きに読んでいるだけなのだ」と。

こういうことを言われたら、言われたほうはどうすればいいんでしょう？

「ええと、ラカンが言っていることだとわたしが思っていることは、『ラカンが言っているとわたしが思っていること』でラカンがほんとうに言っていることじゃない、とラカンは言っているけれど、それは『ラカンが言っていること』なわけだから、わたしがそうだと思い込んでいることにすぎないのか……ああ、わかんなくなっちゃった」というふうになるんじゃないでしょうか。これは構造的には「『すべてのクレタ島人は嘘つきだ』と言うクレタ島人」のパラドクスと同種のものです。

こういうパラドクスに対処するときのコツは、「こういうパラドクスを仕掛けることで、この人はわたしたちに何をさせようとしているのか？」というふうに問題の水準をずらすことです。そういうふうに問いを書き換えると、答えはわりと簡単に出ます。

このパラドクスは人間の知的な限界や不能について語っているのではなく、その逆に人間の可能性を教えているのです。

ラカンは「『何を言っているんだかわからないことば』でも、ほら、あなたは今ちゃんと読んで、あれこれ考えはじめているじゃないか」と言っているのです。「意味がわからないことば」に触発されて、自分のものの考え方の枠組みを問いなおすという作業は、ラカンを読んだときから、もうすでに始まっているわけです。聞こえるけれども、意味がわからないことばというものがある。そういうことばが聞こえたら、「あ、わかった」と軽々に答えを出さずに、「なんだろうね、これは」と座り込んで考えつづけるというのが正しい作法だという場合もあるんです。

「死者がこう言っている」ということをラカンは許しません。「英霊の恨みをはらせ」でも「永遠の平和を」でも、「死者の代弁者」を名乗る権利をラカンは誰にも認めない。

「わたしには死者の声が聞こえる」という人と「わたしには聞こえる」と言い張る人のほうが政治的には強いわけです。そして「死者の遺言執行人」や「死者の証人」を自称する人びとは、「英霊の恨みを晴らすために戦え」にしても「永久平和のために戦え」にしても、いずれにせよ具体的な政策的提言にそれを矮小化するわけです。この人たちを押さえ込むためには、「死者の声はわたしにも聞こえる。けれども、何を言っているのかわからない」と言うほかない。

「死者の通訳をする人間」を絶対に信用するなということを伝えるためには、「死者の声なんか、わたしには聞こえない」というのではだめなんです。そうではなくて、「死者の声はわたしにも聞こえる。でも、何を言っているのかわからない。だから、通訳もできない。でも、死者は『英霊の恨みを晴らせ』とか『永遠の平和を』なんていうわかりやすいことは言っていない。それは『死者の遺言執行人』たちが自分で聞きたがっているメッセージを自分宛に送り返しているにすぎない」というのがおそらく有効な唯一の霊的反撃なんです。

「死者の声を聴く」とは……

レヴィナスが言っていることも、それに近いとぼくは思います。最後にレヴィナスに「死者のために」というのはどういうことかを語ってもらいましょう。

◆死者のために

わたしたちはそのことについては今から語る気もありません。たとえ世界の人びとが何も知らず、すべてのことを忘れてしまったとしても。わたしたちは「受難中の受難」を見世物にしたり、この非人道的な叫びの声の記録者や演出家としてささやかな虚名を得ることを自らに禁じています。★07

レヴィナス自身はアウシュヴィッツで自分の家族、親族のほとんどを失ったわけですが、それについての恨み言はほとんど語りません。ナチスの暴虐に対しても、無垢の被害者という立場から糾弾するという語り方はしません。それは「死者の代弁者」の「虚名」をまとうことへの強い自制があるからです。

死者の本源的な他者性を毀損しないためには、「死者に代わって語る」資格を自分に授与してはならない。たとえユダヤ人が六〇〇万人死んだとしても、「わたしは死んだ同胞の代弁人である、かれらの遺言執行人である」と主張してはならない。

その叫び声は永遠の時間を貫いて、けっして消えないまま残響しつづけるのです。その叫び声のなかに聞き取れる思考に耳を傾けましょう。★08

おそらく、これがもっとも正しい葬送の儀礼なのです。

死者の声が聞こえる。聞こえるけれども何を言っているのかわからない。何を言っているかわからない声を永遠に響かせるだけにとどめ、けっしてそれを翻訳しようとしてはいけない。「恐山のイタコ」みたいにぺらぺらと死者の思いを通訳してはいけないんです。分類したり、カタログ化したり、通訳し

★07/08　E. Levinas, *Difficile Liberte*, p.202.

たりしてはいけない。死者からのメッセージを生者たちが自分自身の政治的正しさの論拠として功利的に活用してはならない。それは死者に対する冒瀆である。

真の「死者たちの証人」は、「死者たちはここにいるけれどもいない。死者たちは何かを告げようとしているけれどもそのことばの意味がわたしにはわからない」という仕方で、あの「中間領域」を無傷のままに護持するだけなのです。

レヴィナスは何か実定的な「よいこと」を勧奨しているわけではありません。レヴィナスの文章は、書いては否定し、書いては否定する、限りない前言撤回の連なりです。次々と問題を宙吊りにして、けっして決着させない。この「問題を宙吊りにする能力」が人間をして人間たらしめた根源的能力であるということは先ほど申し上げました。

「死者」は、「モノ」でもないし「生者」でもない。だからその中間のどちらでもない領域に死者たちは宙吊りにされなくてはならない。悪霊であると同時に守護神でもあるもの、存在するけれど存在しないものとして、あるいは「存在するとは別の仕方で」そこにあるけれどないものとして、死者の声を響かせ、その声に耳を傾けよう、レヴィナスはそう告げているようにぼくには思われます。

ぼくたちが神社、仏閣をつくるのは決着をつけるためではないですね。決着をつけるのならば、神殿を建てて封印して終わりにすればいい。でも、ぼくたちはそうはしない。

神社仏閣にお参りして合掌するのは、何かを聴こうとしているからでしょう。そこに祀られている死者たちの発するか細い声、何を言っているかわからない残響に耳を傾けようとして、ぼくたちはそこに行く。けれども、「わたしは死者の声をたしかに聴き取った」と言うことは許されない。「だから、もうお参りする必要がなくなった」と言うことは許されない。

ぼくたちが死者を祀った場所を繰り返し訪れるのは、「何かが聞こえるのだが、何を言っているのか聴き取れない」からです。残響に耳を傾ける。立ち尽くす。死者たちに代わって語る権利はぼくたちにはない。でも、だからといって死者たちの声に耳を傾けることを止めることは許されない。

ぼくは一昨年父を亡くしました。小さな骨壷をもらって、それを居間の棚に置いてあります。ぼくはひとり暮らしなんですが、家に帰ると誰かが「おかえり」と言っているような気がする。それで、ぼくも写真にむかって「いま帰りました」と手を合わせます。気が向くとときどきお線香を上げる。父はお線香のにおいが大嫌いだったんだけれど、それでもあえて上げつづける。

そのうちに「線香のにおい、おれは大嫌いなんだけど。樹、もうそろそろ止めてくれないか？」と父が我慢できなくなって言ってくるかな、というような詮方ないことをふと思います。人間が「死者の声を聴く」というのは、そういうふうな想像的な境位でのことなんです。そして、それは人間にしかできないことなんです。

あとがき

ときどき講演を頼まれる。場合によっては一年も先のことがある。「演題を決めてください」と言われても、一年先に自分が何を考えているかなんてわからない。いま興味があることでも、そのときまで興味が続いているかどうかわからない。数か月して、いざ演壇に立ったら、演題についてのすべての興味を失っていた自分を見い出した、ということではなんだか切ない。

だから、講演を頼まれると、先方から特に演題の指定がない場合は、「これで日本は大丈夫？」と「身体論」のどちらかにすることにしている。

「これで日本は大丈夫？」はいつでも使える。日本社会からわが国の先行きについての不安材料が払底するということはありえないからである。同様に、「身体論」もいつでも使える。私自身の身体、あるいは他の人々の身体について「なるほど、これはそういうことだったのか」と新しい発見をして膝を打つ、という経験の材料が尽きるということも、これまたありえないからである。

本書のなかにも書いてあるとおり、私は講演では原稿を用意しない。必要な場合には、その日の話に関係がありそうな人の引用文をいくつか選んで、それだけコピーして配布する。「あの、誰だっけかな、誰かが、こんなことを言ってるんですけれど、ええと、何だったけかな……」というような仕方で「人の話」をご紹介しても、あまり理解の助けにはならない。それに、「おお、これはよいことを言っている」と感心して記憶したはずの「人の話」も、記憶のなかでかなり自分につごうよく改変されていて、よくよく原文に当たると「そんなこと言ってない」という場合がある。だから、自分の話はさておき、少なくとも引用だけは正確を期すことにしているのである。

講演原稿を用意しない理由は、原稿を書くと、原稿を書いている段階でその話題についてけっこう夢中になって考えるので、書き終わった段階で、その話に私自身が飽きてしまうからである。

もともと私は飽きっぽい性格である。あらゆることにすぐに飽きてしまう。その飽きっぽい私がいちばん飽き飽きしているのは、内田樹という人である。もう五四年もいやになるほど顔をつきあわせて、その語るところを文字どおり「砂かぶり」で拝聴しているのであるから、「内田樹のする話」を私が聞き飽きるのは理の当然である。だから、なんとかこれまでとは違う話をしないと、話している私自身が、自分の話に退屈して気が滅入ってしまうのである。

本書の元になった朝日カルチャーセンターからの講演は二〇〇三年の八月から翌年の三月まで、東京と大阪でつごう七回おこなったが、同じ話が多くて閉口した。聴いている人はまだよい。そう毎回聴きにいらしているわけではないだろうし、前回までの内容を逐一記憶しているわけでもないからである。でも、講演するほうは同一人物なのであり、「ああ、また同じ話をしている……」とわれとわが話を聞きながら、どれほどうんざりしたことであろうか。

だから、講演を定期化したいとセンター事務局からお願いされたときも、「もうたくさん」と固辞したのである。「ネタが尽きて、話すことがない」ことを私はいささかも恥としないが、「ネタが尽きて、話すことがなくなった私の同じ話」を聴かされるのは苦痛だからである。

ただ唯一の救いは、加齢とともに物忘れがぐいぐいとよくなり、前回まで自分が話したことを忘れて、まったく同じ話を繰り返しているにもかかわらず、本人は「いま思いついた、まっさらな話」のつもりでひとり興奮してしゃべっている、ということが最近多くなったことである。聴衆にとってはなはだご迷惑なことであるが、講演者自身は「なんだか、今日はずいぶんすらすらと舌のすべりがよいなあ。まるで一度話したことをコピーしているような気がするほどだ」とたいへんに気分がよろしいのである。そういうときは、静かに笑って聞き流していただきたい。

しかし、あえて言い訳をさせていただくならば、私が「同じ話」を執拗に繰り返すのは理由がなくもない。その話がある種の「謎」を蔵しているように思われるからである。

例えば、本書にも採録されている能楽『張良』の話を私はかれこれ三回あちこちの本で使い回している(その前には、映画『エイリアン』の話を論文、著書つごう五回使い回したことがある)。それは、そのエピソードがある命題を語るときに「使い勝手がよい」からだけではない。むしろ、何度持ち出して、何度解釈しても、いつも「気持ちが片づかないまま」、何か大切なことを言い残したような気がしたまま終わるからである。だから、「同じ話」を読み比べていただければわかるけれど、話は同じだが、そこから私が引き出す知見は少しずつ変わってきている。

そして、私にとってさしあたりもっとも深い「謎」を蔵しているのは、私自身の身体である。自分の身体をあれこれ眺めたり、使ったりして、「あ、こんなふうに動く」とか「あ、こんなことができるんだ」と驚いたり感心したりして半世紀を過ごしてきたが、いまだにそのポテンシャルの一〇%も理解し、使いこなしているようには思われない。

子どものころは身体の潜在能力を甘く見ていた。筋トレをすれば大胸筋がつき、走り込みをすれば心肺能力が上がり、ダイエットをすれば腹がへこむ……そういう入力と出力が単純に一次関数的に相関する可塑的なものとして、自分の身体をとらえていた。身体システムの複雑さと未開発の潜在能力はそんなものではない、ということに気がついたのは武道の稽古を始めてずいぶん経ってからのことである。

武道の稽古というのは、端的に言えば「殺傷技術」の反復練習であり、型稽古とは、取り受けが交代するたびに「殺人者」と「死体」の役割を取り替えることである。そこで私たちに求められているのは、「生死のあわいに立つ」というのがどういうことなのかについて、かなう限りの身体的想像力を駆使することである。それは生きている人間ができることのうちでたぶんもっとも困難な作業のひとつだと思う。

その困難に対して、日本の伝統文化は高い価値を賦与してきた。それは「戦場で武勲を上げたものは一国一城の主となる」というプロモーション・システムが日本ではかなり長期間にわたって効果的に機能してきたことによって証明される。刀槍を操作するのはたかだか身体能力に過ぎず、豪腕で俊敏なものであればいくらでも戦場で武勲が上げられるのだとすれば、武勲に対しては現世的報償が与えられはしても、それが為政者としての政治的責任とリンクさせられるはずはない。しかし、現実に、槍一本で名を挙げた武将たちが、その後、政治家として治国平天下の実を上げた例は枚挙に暇がない。ということは、少なくとも戦国時代においてまでは、武術的な身体運用が求める能力と、経世済民に必要な政治的能力は「同一の能力」であるということについては社会的合意が存在したということを意味している。

一国を治め天下を平らげるために必要な能力とは、ごく簡単に言えば、「巨大な視野」に立ちうることである。それは狭く地政学な意味で言えば、合従連衡の外交技術に熟達しているということでもあるし、もう少し広く歴史学的な意味で言えば、おのれが今なしつつある政治的決定がどういう歴史的文脈の要請するものであり、下した決断がどのような影響をこの後招き寄せるかについてクールに考量できるということでもある。

しかし、「巨大な視野」の最遠点とは、ほかでもない「おのれの死」である。「死んだあとの私」というものを想像的な消失点として想定し、そこに立って、そのつど今ここにおけるふるまい方を決定することのできる人間は、目先の私利私欲に惑うこともないし、一時の感情に流されることもないし、宗教的法悦からもイデオロギー的熱狂からも安全な距離を保つことができる。そのような人間は為政者として適切な選択をおこなう確率が、そうでない人間の場合よりも高いだろう。

武道の修業の眼目は「生死のあわい」における身の処し方の訓練にある。言い換えれば、「死んだあとの私」を日常の常住坐臥の想像的定位置とすることである。だとすれば、戦場における身体操作技術と、平時における経世済民の政治技術が、ともに同質の人間的資質を要求するという推論は少しも不合理ではないことになる。

けっきょく、私たちが身体において追尋している終わりなき「謎」とは、「おのれの死」なのである。養老孟司が看破したとおり、「脳」はおのれを「不死」のものとみなしている。あらゆる変遷を経由しても、決して変わることのない「同一者」、それが「脳」である。だから、「脳」にいくら訊ねても、私たちは「おのれの死」というもの把持することができない。私たちが「おのれの死」という思量不可能なものに接近しえるのは、ただおのが身体を経由してのみである。

おっと、また「謎」につられてうかうかと「論文」を書き始めるところであった。ことほどさように「謎」というのは、私たちを終わりなき思弁に誘う誘惑的な吸引力なのである。

本書は、講演という特殊な機会に語られたものであるために、ふだん私が机に向かって書いているときよりも、「謎」の出没する頻度が高い。それは、私がその時その場で「謎」のしっぽをつかんだような気になって、聴衆のいることも忘れて、前後を忘れてそのあとを追いかけはじめたということでもあるし、私自身が「自分が何を言っているのか、わからなくなった」ということでもある。講演の速記録に加筆修正する段階で、「何を言っているのかわからなくなった」点については、だいぶ加筆をして説明を補ったので、講演のときよりは、話の筋道が見えやすくなったと思う。

医学書院の白石正明さんが最初に神戸に企画を持っていらしたとき、私は死ぬまでかかっても書ききれないほどのバックオーダーを抱え込んでおり、新規の仕事を引き受けるつもりは全くなかった。「ケアについての本」をということであったが、もちろん私は医療も介護も福祉も、どの領域についても門外漢である。「知らないことは書けません」ときっぱりお断りしたつもりであったが、白石さんは「では、そういうことで」とにこにこしながら帰ってしまった。

その白石さんがカルチャーセンターでの身体論の講演のときにいそいそと講演を録音しているので、いったい何をしているのかと訝しんでいたのだが、ある日「さあ、原稿が揃いました。あとは書き下ろし五〇枚で全部おしまいです」と宣告されてしまった。いったいいつのまに私は一冊本を書いてしまったのであろう。いまだに私には白石さんの「無から有」を創り出したエディションの魔術がよく理解できない。

二〇〇四年八月

内田　樹

著者紹介

内田　樹（うちだ・たつる）
1950年東京生まれ。東京大学文学部仏文科卒。東京都立大学大学院人文科学研究科博士課程（仏文専攻）中退。東京都立大学人文学部助手を経て、神戸女学院大学文学部総合文化学科教授。専門はフランス現代思想、映画論、武道論。
▶今後の抱負…ライフワークであるレヴィナス三部作の第3部『時間・身体・記憶』を書き上げたら、すばやくリタイア。そのあとは六甲山麓に草庵を結んで合気道と能楽を愉しむ悠々自適の隠居生活。
▶主な著書…『ためらいの倫理学』角川文庫、『寝ながら学べる構造主義』『私家版・ユダヤ文化論』文春新書、『先生はえらい』ちくまプリマー新書、『下流志向』講談社文庫、『日本辺境論』新潮新書、『レヴィナスと愛の現象学』『最終講義』『街場の文体論』『内田樹による内田樹』文春文庫など多数。訳書にエマニュエル・レヴィナス『困難な自由』国文社、ほか。
http://blog.tatsuru.com/

シリーズ ケアをひらく

死と身体――コミュニケーションの磁場
[shi-to-shintai]

発行――――2004 年 10 月 1 日　第 1 版第 1 刷©
　　　　　2022 年 12 月 1 日　第 1 版第 11 刷

著者――――内田　樹

発行者―――株式会社　医学書院
　　　　　代表取締役　金原　俊
　　　　　〒113-8719　東京都文京区本郷 1-28-23
　　　　　電話 03-3817-5600（社内案内）

装幀――――松田行正

印刷・製本―㈱アイワード

ISBN 978-4-260-33366-5

シリーズ ケアをひらく ❶

第73回

毎日出版文化賞受賞!

[企画部門]

ケア学：越境するケアへ●広井良典●2300円●ケアの多様性を一望する———どの学問分野の窓から見ても、〈ケア〉の姿はいつもそのフレームをはみ出している。医学・看護学・社会福祉学・哲学・宗教学・経済・制度等々のタテワリ性をとことん排して〝越境〟しよう。その跳躍力なしにケアの豊かさはとらえられない。刺激に満ちた論考は、時代を境界線引きからクロスオーバーへと導く。

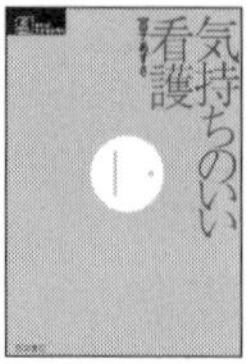

気持ちのいい看護●宮子あずさ●2100円●患者さんが気持ちいいと、看護師も気持ちいい、か?———「これまであえて避けてきた部分に踏み込んで、看護について言語化したい」という著者の意欲作。〈看護を語る〉ブームへの違和感を語り、看護師はなぜ尊大に見えるのかを考察し、専門性志向の底の浅さに思いをめぐらす。夜勤明けの頭で考えた「アケのケア論」!

感情と看護：人とのかかわりを職業とすることの意味●武井麻子●2400円●看護師はなぜ疲れるのか———「巻き込まれずに共感せよ」「怒ってはいけない!」「うんざりするな!!」。看護はなにより感情労働だ。どう感じるべきかが強制され、やがて自分の気持ちさえ見えなくなってくる。隠され、貶められ、ないものとされてきた〈感情〉をキーワードに、「看護とは何か」を縦横に論じた記念碑的論考。

あなたの知らない「家族」：遺された者の口からこぼれ落ちる13の物語●柳原清子●2000円●それはケアだろうか———幼子を亡くした親、夫を亡くした妻、母親を亡くした少女たちは、佇む看護師の前で、やがて「その人」のことを語りはじめる。ためらいがちな口と、傾けられた耳によって紡ぎだされた物語は、語る人を語り、聴く人を語り、誰も知らない家族を語る。

病んだ家族、散乱した室内：援助者にとっての不全感と困惑について●春日武彦●2200円●善意だけでは通用しない———一筋縄ではいかない家族の前で、われわれ援助者は何を頼りに仕事をすればいいのか。罪悪感や無力感にとらわれないためには、どんな「覚悟とテクニック」が必要なのか。空疎な建前論や偽善めいた原則論の一切を排し、「ああ、そうだったのか」と腑に落ちる発想に満ちた話題の書。

本シリーズでは、「科学性」「専門性」「主体性」といったことばだけでは語りきれない地点から《ケア》の世界を探ります。

べてるの家の「非」援助論：そのままでいいと思えるための25章●浦河べてるの家●2000円●それで順調！―――「幻覚＆妄想大会」「偏見・差別歓迎集会」という珍妙なイベント。「諦めが肝心」「安心してサボれる会社づくり」という脱力系キャッチフレーズ群。それでいて年商1億円、年間見学者2000人。医療福祉領域を超えて圧倒的な注目を浴びる〈べてるの家〉の、右肩下がりの援助論！

物語としてのケア：ナラティヴ・アプローチの世界へ●野口裕二●2200円●「ナラティヴ」の時代へ―――「語り」「物語」を意味するナラティヴ。人文科学領域で衝撃を与えつづけているこの言葉は、ついに臨床の風景さえ一変させた。「精神論 vs. 技術論」「主観主義 vs. 客観主義」「ケア vs. キュア」という二項対立の呪縛を超えて、臨床の物語論的転回はどこまで行くのか。

見えないものと見えるもの：社交とアシストの障害学●石川准●2000円●だから障害学はおもしろい―――自由と配慮がなければ生きられない。社交とアシストがなければつながらない。社会学者にしてプログラマ、全知にして全盲、強気にして気弱、感情的な合理主義者……〝いつも二つある〞著者が冷静と情熱のあいだで書き下ろした、つながるための障害学。

死と身体：コミュニケーションの磁場●内田 樹●2000円●人間は、死んだ者とも語り合うことができる―――〈ことば〉の通じない世界にある「死」と「身体」こそが、人をコミュニケーションへと駆り立てる。なんという腑に落ちる逆説！「誰もが感じていて、誰も言わなかったことを、誰にでもわかるように語る」著者の、教科書には絶対に出ていないコミュニケーション論。読んだ後、猫にもあいさつしたくなります。

ALS 不動の身体と息する機械●立岩真也●2800円●それでも生きたほうがよい、となぜ言えるのか―――ALS当事者の語りを渉猟し、「生きろと言えない生命倫理」の浅薄さを徹底的に暴き出す。人工呼吸器と人がいれば生きることができると言う本。「質のわるい生」に代わるべきは「質のよい生」であって「美しい死」ではない、という当たり前のことに気づく本。

べてるの家の「当事者研究」●浦河べてるの家●2000円●研究？ ワクワクするなあ———べてるの家で「研究」がはじまった。心の中を見つめたり、反省したり……なんてやつじゃない。どうにもならない自分を、他人事のように考えてみる。仲間と一緒に笑いながら眺めてみる。やればやるほど元気になってくる、不思議な研究。合い言葉は「自分自身で、共に」。そして「無反省でいこう！」

ケアってなんだろう●小澤勲編著●2000円●「技術としてのやさしさ」を探る七人との対話———「ケアの境界」にいる専門家、作家、若手研究者らが、精神科医・小澤勲氏に「ケアってなんだ？」と迫り聴く。「ほんのいっときでも憩える椅子を差し出す」のがケアだと言い切れる人の《強さとやさしさ》はどこから来るのか———。感情労働が知的労働に変換されるスリリングな一瞬！

こんなとき私はどうしてきたか●中井久夫●2000円●「希望を失わない」とはどういうことか———はじめて患者さんと出会ったとき、暴力をふるわれそうになったとき、退院が近づいてきたとき、私はどんな言葉をかけ、どう振る舞ってきたか。当代きっての臨床家であり達意の文章家として知られる著者渾身の一冊。ここまで具体的で美しいアドバイスが、かつてあっただろうか。

発達障害当事者研究：ゆっくりていねいにつながりたい●綾屋紗月＋熊谷晋一郎●2000円●あふれる刺激、ほどける私———なぜ空腹がわからないのか、なぜ看板が話しかけてくるのか。外部からは「感覚過敏」「こだわりが強い」としか見えない発達障害の世界を、アスペルガー症候群当事者が、脳性まひの共著者と探る。「過剰」の苦しみは身体に来ることを発見した画期的研究！

ニーズ中心の福祉社会へ：当事者主権の次世代福祉戦略●上野千鶴子＋中西正司編●2200円●社会改革のためのデザイン！ ビジョン!! アクション!!!———「こうあってほしい」という構想力をもったとき、人はニーズを知り、当事者になる。「当事者ニーズ」をキーワードに、研究者とアクティビストたちが「ニーズ中心の福祉社会」への具体的シナリオを提示する。

コーダの世界：手話の文化と声の文化●澁谷智子● 2000 円●生まれながらのバイリンガル?———コーダとは聞こえない親をもつ聞こえる子どもたち。「ろう文化」と「聴文化」のハイブリッドである彼らの日常は驚きに満ちている。親が振り向いてから泣く赤ちゃん？ じっと見つめすぎて誤解される若い女性？ 手話が「言語」であり「文化」であると心から納得できる刮目のコミュニケーション論。

技法以前：べてるの家のつくりかた●向谷地生良● 2000 円●私は何をしてこなかったか———「幻覚&妄想大会」をはじめとする掟破りのイベントはどんな思考回路から生まれたのか？ べてるの家のような〝場〟をつくるには、専門家はどう振る舞えばよいのか？「当事者の時代」に専門家にできることを明らかにした、かつてない実践的「非」援助論。べてるの家スタッフ用「虎の巻」、大公開！

逝かない身体：ALS 的日常を生きる●川口有美子● 2000 円●即物的に、植物的に —— 言葉と動きを封じられた ALS 患者の意思は、身体から探るしかない。ロックトイン・シンドロームを経て亡くなった著者の母を支えたのは、「同情より人工呼吸器」「傾聴より身体の微調整」という究極の身体ケアだった。重力に抗して生き続けた母の「植物的な生」を身体ごと肯定した圧倒的記録。

第 41 回大宅壮一ノンフィクション賞受賞作

リハビリの夜●熊谷晋一郎● 2000 円●痛いのは困る——現役の小児科医にして脳性まひ当事者である著者は、《他者》や《モノ》との身体接触をたよりに、「官能的」にみずからの運動をつくりあげてきた。少年期のリハビリキャンプにおける過酷で耽美な体験、初めて電動車いすに乗ったときの時間と空間が立ち上がるめくるめく感覚などを、全身全霊で語り尽くした驚愕の書。

第 9 回新潮ドキュメント賞受賞作

その後の不自由●上岡陽江＋大嶋栄子● 2000 円●〝ちょっと寂しい〟がちょうどいい——トラウマティックな事件があった後も、専門家がやって来て去っていった後も、当事者たちの生は続く。しかし彼らはなぜ「日常」そのものにつまずいてしまうのか。なぜ援助者を振り回してしまうのか。そんな「不思議な人たち」の生態を、薬物依存の当事者が身を削って書き記した当事者研究の最前線！

第2回日本医学ジャーナリスト協会賞受賞作

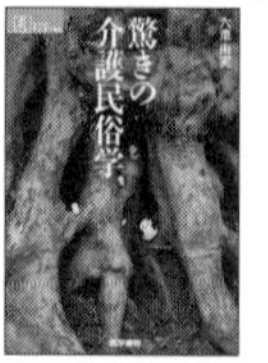

驚きの介護民俗学●六車由実●2000円●語りの森へ――気鋭の民俗学者は、あるとき大学をやめ、老人ホームで働きはじめる。そこで流しのバイオリン弾き、蚕の鑑別嬢、郵便局の電話交換手ら、「忘れられた日本人」たちの語りに身を委ねていると、やがて新しい世界が開けてきた……。「事実を聞く」という行為がなぜ人を力づけるのか。聞き書きの圧倒的な可能性を活写し、高齢者ケアを革新する。

ソローニュの森●田村尚子●2600円●ケアの感触、曖昧な日常――思想家ガタリが終生関ったことで知られるラ・ボルド精神病院。一人の日本人女性の震える眼が掬い取ったのは、「フランスのべてるの家」ともいうべき、患者とスタッフの間を流れる緩やかな時間だった。ルポやドキュメンタリーとは一線を画した、ページをめくるたびに深呼吸ができる写真とエッセイ。B5変型版。

弱いロボット●岡田美智男●2000円●とりあえずの一歩を支えるために――挨拶をしたり、おしゃべりをしたり、散歩をしたり。そんな「なにげない行為」ができるロボットは作れるか？　この難題に著者は、ちょっと無責任で他力本願なロボットを提案する。日常生活動作を規定している「賭けと受け」の関係を明るみに出し、ケアをすることの意味を深いところで肯定してくれる異色作！

当事者研究の研究●石原孝二編●2000円●で、当事者研究って何だ?――専門職・研究者の間でも一般名称として使われるようになってきた当事者研究。それは、客観性を装った「科学研究」とも違うし、切々たる「自分語り」とも違うし、勇ましい「運動」とも違う。本書は哲学や教育学、あるいは科学論と交差させながら、“自分の問題を他人事のように扱う”当事者研究の圧倒的な感染力の秘密を探る。

摘便とお花見：看護の語りの現象学●村上靖彦●2000円●とるにたらない日常を、看護師はなぜ目に焼き付けようとするのか――看護という「人間の可能性の限界」を拡張する営みに吸い寄せられた気鋭の現象学者は、共感あふれるインタビューと冷徹な分析によって、その不思議な時間構造をあぶり出した。巻末には圧倒的なインタビュー論を付す。看護行為の言語化に資する驚愕の一冊。

坂口恭平躁鬱日記●坂口恭平●1800円●僕は治ることを諦めて、「坂口恭平」を操縦することにした。家族とともに。——マスコミを席巻するきらびやかな才能の奔出は、「躁」のなせる業でもある。「鬱」期には強固な自殺願望に苛まれ外出もおぼつかない。この病に悩まされてきた著者は、あるとき「治療から操縦へ」という方針に転換した。その成果やいかに！ 涙と笑いと感動の当事者研究。

カウンセラーは何を見ているか●信田さよ子●2000円●傾聴？ ふっ。——「聞く力」はもちろん大切。しかしプロなら、あたかも素人のように好奇心を全開にして、相手を見る。そうでなければ〈強制〉と〈自己選択〉を両立させることはできない。若き日の精神科病院体験を経て、開業カウンセラーの第一人者になった著者が、「見て、聞いて、引き受けて、踏み込む」ノウハウを一挙公開！

クレイジー・イン・ジャパン：べてるの家のエスノグラフィ●中村かれん●2200円●日本の端の、世界の真ん中。——インドネシアで生まれ、オーストラリアで育ち、イェール大学で教える医療人類学者が、べてるの家に辿り着いた。7か月以上にも及ぶ住み込み。10年近くにわたって断続的に行われたフィールドワーク。べてるの「感動」と「変貌」を、かつてない文脈で発見した傑作エスノグラフィ。付録DVD「Bethel」は必見の名作！

漢方水先案内：医学の東へ●津田篤太郎●2000円●漢方ならなんとかなるんじゃないか?—— 原因がはっきりせず成果もあがらない「ベタなぎ漂流」に追い込まれたらどうするか。病気に対抗する生体のパターンは決まっているならば、「生体をアシスト」という方法があるじゃないか！ 万策尽きた最先端の臨床医がたどり着いたのは、キュアとケアの合流地点だった。それが漢方。

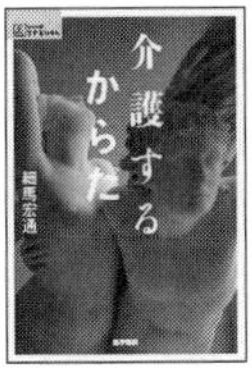

介護するからだ●細馬宏通●2000円●あの人はなぜ「できる」のか?—— 目利きで知られる人間行動学者が、ベテランワーカーの神対応をビデオで分析してみると……、そこには言語以前に〝かしこい身体〟があった！ ケアの現場が、ありえないほど複雑な相互作用の場であることが分かる「驚き」と「発見」の書。マニュアルがなぜ現場で役に立たないのか、そしてどうすればうまく行くのかがよーく分かります。

第 16 回小林秀雄賞受賞作
紀伊國屋じんぶん大賞2018 受賞作

中動態の世界：意志と責任の考古学●國分功一郎●2000 円●「する」と「される」の外側へ——強制はないが自発的でもなく、自発的ではないが同意している。こうした事態はなぜ言葉にしにくいのか？ なぜそれが「曖昧」にしか感じられないのか？ 語る言葉がないからか？ それ以前に、私たちの思考を条件付けている「文法」の問題なのか？ ケア論にかつてないパースペクティヴを切り開く画期的論考！

どもる体●伊藤亜紗●2000 円●しゃべれるほうが、変。——話そうとすると最初の言葉を繰り返してしまう（＝連発という名のバグ）。それを避けようとすると言葉自体が出なくなる（＝難発という名のフリーズ）。吃音とは、言葉が肉体に拒否されている状態だ。しかし、なぜ歌っているときにはどもらないのか？ 徹底した観察とインタビューで吃音という「謎」に迫った、誰も見たことのない身体論！

異なり記念日●齋藤陽道●2000 円●手と目で「看る」とはどういうことか——「聞こえる家族」に生まれたろう者の僕と、「ろう家族」に生まれたろう者の妻。ふたりの間に、聞こえる子どもがやってきた。身体と文化を異にする 3 人は、言葉の前にまなざしを交わし、慰めの前に手触りを送る。見る、聞く、話す、触れることの〈歓び〉とともに。ケアが発生する現場からの感動的な実況報告。

在宅無限大：訪問看護師がみた生と死●村上靖彦●2000 円●「普通に死ぬ」を再発明する——病院によって大きく変えられた「死」は、いま再びその姿を変えている。先端医療が組み込まれた「家」という未曾有の環境のなかで、訪問看護師たちが地道に「再発明」したものなのだ。著者は並外れた知的肺活量で、訪問看護師の語りを生け捕りにし、看護が本来持っているポテンシャルを言語化する。

第 19 回大佛次郎論壇賞受賞作
紀伊國屋じんぶん大賞2020 受賞作

居るのはつらいよ：ケアとセラピーについての覚書●東畑開人●2000 円●「ただ居るだけ」vs.「それでいいのか」——京大出の心理学ハカセは悪戦苦闘の職探しの末、沖縄の精神科デイケア施設に職を得た。しかし勇躍飛び込んだそこは、あらゆる価値が反転する「ふしぎの国」だった。ケアとセラピーの価値について究極まで考え抜かれた、涙あり笑いあり出血（！）ありの大感動スペクタル学術書！

誤作動する脳●樋口直美● 2000 円●「時間という一本のロープにたくさんの写真がぶら下がっている。それをたぐり寄せて思い出をつかもうとしても、私にはそのロープがない」――ケアの拠り所となるのは、体験した世界を正確に表現したこうした言葉ではないだろうか。「レビー小体型認知症」と診断された女性が、幻視、幻臭、幻聴など五感の変調を抱えながら達成した圧倒的な当事者研究!

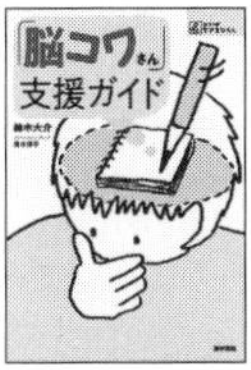

「脳コワさん」支援ガイド●鈴木大介●2000 円●脳がコワれたら、「困りごと」はみな同じ。――会話がうまくできない、雑踏が歩けない、突然キレる、すぐに疲れる……。病名や受傷経緯は違っていても結局みんな「脳の情報処理」で苦しんでいる。だから脳を「楽」にすることが日常を取り戻す第一歩だ。疾患を超えた「困りごと」に着目する当事者学が花開く、読んで納得の超実践的ガイド!

第 9 回日本医学ジャーナリスト協会賞受賞作

食べることと出すこと●頭木弘樹● 2000 円●食べて出せれば OK だ!(けど、それが難しい……。)――潰瘍性大腸炎という難病に襲われた著者は、食事と排泄という「当たり前」が当たり前でなくなった。IVH でも癒やせない顎や舌の飢餓感とは? 便の海に茫然と立っているときに、看護師から雑巾を手渡されたときの気分は? 切実さの狭間に漂う不思議なユーモアが、何が「ケア」なのかを教えてくれる。

やってくる●郡司ペギオ幸夫● 2000 円●「日常」というアメイジング!――私たちの「現実」は、外部からやってくるものによってギリギリ実現されている。だから日々の生活は、何かを為すためのスタート地点ではない。それこそが奇跡的な達成であり、体を張って実現すべきものなんだ! ケアという「小さき行為」の奥底に眠る過激な思想を、素手で取り出してみせる圧倒的な知性。

みんな水の中●横道 誠● 2000 円●脳の多様性とはこのことか!――ASD(自閉スペクトラム症)と ADHD(注意欠如・多動症)と診断された大学教員は、彼を取り囲む世界の不思議を語りはじめた。何もかもがゆらめき、ぼんやりとしか聞こえない水の中で、〈地獄行きのタイムマシン〉に乗せられる。そんな彼を救ってくれたのは文学と芸術、そして仲間だった。赤裸々、かつちょっと乗り切れないユーモアの日々。

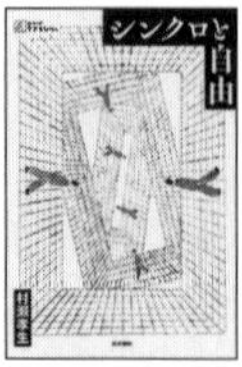

シンクロと自由●村瀬孝生●2000円●介護現場から「自由」を更新する——「こんな老人ホームなら入りたい！」と熱い反響を呼んだNHK番組「よりあいの森 老いに沿う」。その施設長が綴る、自由と不自由の織りなす不思議な物語。しなやかなエピソードに浸っているだけなのに、気づくと温かい涙が流れている。万策尽きて途方に暮れているのに、希望が勝手にやってくる。